Kochbilderbuch für weibliche Lebenskunst

Kochbilderbuch für weibliche Lebenskunst

gemalt und erzählt von

Lena Vandrey

Christel
Göttert
Verlag

Rüsselsheim 1998

Lektorat: Katja van de Rakt

Gestaltung: Christine Traiser, Rüsselsheim

© Christel Göttert Verlag, Keplerring 13, 65428 Rüsselsheim

ISBN 3-922499-33-3

Vorwort

„Kochst Du ein Kompott mit bunten Früchten, so bist Du Künstlerin (...). Alles Schreiben geht durch Brand und Brennen, durch Lachen und Wind und Meer. Und wenn kein Meer da ist, so gibt es die Idee." [1]

Aus der über Jahrhunderte Frauen auferlegten Fron wird nun eine von Frauen frei gewählte Kür. Das Kochen *à la Lena Vandrey* versteht sich als eine neu aufzufassende *fröhliche Wissenschaft*: Die *Kulinarik* - ein von ihr geprägter Neologismus - ist die Kochkunst der *Fronde*-Amazonen, die sich den Absolutismus der gekrönten Koch-Kohlköpfe nicht gefallen lassen.

Dieses Manifest will eine ungehorsame, rebellische, ja ketzerische Frei- und Neuinterpretation der allzusehr patriarchalisch geprägten Kochreligion kundgeben.

Fast alle Küchenszenen spielen sich auf der Bühne der matriarchalisch besetzten Provençe ab, unter dem vor dreißig Jahren frei gewählten Exilhimmel der Lena Vandrey.

Sie liefert ihre nach Gespür erprobten, empirisch ge-testeten Küchentips, denn es geht ihr darum, den Erwachsenen Mädchen, die wir alle sind, mit Gefühl und Liebe unsere archaisch verankerte Überlieferung

5

zu vermitteln, um sie zurückzuerobern und uns
zugute kommen zu lassen.

Die lateinische Etymologie gibt Lena Vandrey vollkom-
men recht. Kochen=*Coquere* bezeichnet gleichzeitig
das Verwandeln jeglicher Nahrung in Verzehrbares,
das Brennen und Schmelzen und weiter das Meditieren
und Reifen lassen.
Und gerade so entsteht die Magie der Kochalchemie:
Aus den einfachsten, bescheidensten Ingredienzien
sprudeln die tollsten Ideen, und die köstlichste Speise
kommt in der unvoreingenommensten Zubereitung
erst recht zur Geltung.

Möchten die Erwachsenen Mädchen eine humorvoll-
entspannte Eßkultur entwickeln, dann haben sie hier
das richtige Koch-Breviar gefunden: Es enthält das
kostbarste Gewürz, worüber paradoxerweise großzügig,
ja verschwenderisch verfügt werden darf, nämlich die
Liebe, die besonders bei Erwachsenen Mädchen Gold
im Mund hat...
„Denn nur Liebe ist Kultur." [2]

M N-H

[1] Lena Vandrey, Paradigmen der unbequemen Schönheit, Bremen: Zeichen
und Spuren 1986, S. 114.

[2] Ebd., S. 115.

BEBILDERTES KOCHBUCH
FÜR ERWACHSENE MÄDCHEN

Erwachsene Mädchen verfügen über sich selbst!
Und darüber hinaus über Fingerspitzengefühl, mehrere
Nasen, das absolute Gaumenglück und technische
Gewieftheit. Ihr erstes Projekt ist, sich selbst auf
tüchtige Saucen zu dressieren, denn selbige sind das
A und O des Kochens von Lena Vandrey.

Bebildertes Kochbuch für's Erwachsene Mädchen!

Erwachsene Mädchen verfügen (über sich selbst!) und darüber hinaus über Fingerspitzengefühl, mehrere Nasen, das absolute Gaumenglück! und technische Genauigkeit. Ihr erstes Projekt ist, sich selbst auf tüchtige Saucen zu dressieren, denn selbige sind das A und O des Kochens von

Ich koche!!!

Meine Soßen selbst!!

Lena Vandrey

Die Saucen

KLASSISCHE SENFSOßE

Das Erwachsene Mädchen beschafft sich eine Schüssel,
Dijon-Senf und Olivenöl, klackst zwei große Löffel Senf
in die Schüssel und verrührt mit einer Holzgabel das
langsam tropfende Öl mit dem Senf, auf daß entstehe
eine dicke sämige *Pomade*.
Diese Creme alleine wirft sie auf Rohkost und Salate,
auch auf gekochtes Gemüse, auf Kartoffeln, Weizen und
Nudelspeisen und Reis.

Die erste große Tat der Kochkunst ist vollbracht!
Brava!

Das Erwachsene Mädchen
beschafft sich eine Schüssel,
Dijon-Senf u. Olivenöl,
klackst 2 große Löffel Senf
in die Schüssel und verrührt
mit einer Holzgabel das langsam tropfende Öl mit dem
Senf – auf daß entstehe
eine dicke salbige Pommade.
Diese Creme alleine wischt die
auf Rohkost und Salate,
auch auf gekochtes Gemüse,
auf Kartoffeln, Weizen und
Nudelnspeise u. Reis.
Die erste große Tat der
Küche ist Vollbracht!
BRAVA!

KLASSISCHE SENFSOßE, VIELSEITIG

Denn für Erwachsene Mädchen heißt es Brava! Und
nicht Bravo. (Dies gilt für Knaben)

In diese *brave* Soße gebt Ihr feingehackte
Gewürzgurken, Kapern, frische und trockene Kräuter,
Eier, Tomatenmus, Roquefort oder anderen Käse,
Sauerrahm, Joghurt, Crème fraîche oder Sardellen.
Petersilie ist das absolute Kraut: entfernt Nikotin aus
dem Körper, paßt zu allen anderen.
Basilikum soll alleine sein.
Dill paßt nur zu Dill.
Es handelt sich um Musik, um Notengewächse. Wenn
dem Erwachsenen Mädchen jedoch bei einer Mischung
das Wasser im Mund zusammenläuft, so ist diese richtig!

Denn für Erwachsene
Mädchen heißt es:
Brava!
und nicht Bravo. (Dies gilt
für Knaben!)
In diese brave Soße gebt Ihr
feingehackte Gewürzgurken,
Kapern, frische und trockene
Kräuter, Eier, Tomatenmus,
Roquefort oder anderen Käse,
Sauerrahm, Yoghurt, Crème
fraiche oder Sardellen.
Petersilie ist das absolute
Kraut: entfernt Nikotin aus
dem Körper, paßt zu allen
anderen. Basilik soll alleine
sein. Dill paßt nur zu Dill.
Es handelt sich um Musik,
um Notengewächse. Wenn
dem 2. M. jedoch bei einer
Mischung das Wasser im Mund
zusammenläuft, so ist diese
richtig!

SARDELLEN (ANCHOVIS) - SOSSE

Eine freundliche, praktische Sache ist die Sardellen
(Anchovis) - Soße:
1 Glas Sardellen in Öl (Öl wegwerfen!)
1 Glas frisches Olivenöl

In einer tiefen Pfanne die Sardellen mit dem Öl leicht
verrühren und schmelzen lassen: Die *Präparation* darf
nicht kochen! Sowie die Anchovis geschmolzen sind,
abschalten.
Das Ganze in einen irdenen oder gläsernen Topf geben.
Kühl stellen. Eignet sich für alles Gemüse, Fisch und
Geflügel.
Besonders gut zu Staudensellerie, Tomaten,
Kichererbsen.

Eine freundliche praktische
Sache ist die Sardellen (Anchovis)
Sauße:
1 glas Sardellen in Öl
(öe wegwerfen!)
1 glas frisches Olivenöl.
In einer tiefen Pfanne die
Sardellen mit dem Öl leicht
verrühren und schmelzen
lassen; die Präparation darf
nicht kochen!! Sovie die
anchovis geschmolzen sind —
abschalten. Das ganze in
einen irdenen oder gläsernen
Topf geben. Kühl stellen.
Eignet sich für alles gemüse,
Fisch u. Geflügel.
Besonders gut zu Stauden —
Sellerie, Tomaten, Kichererbsen.

Aurora-Soße

Aurora ist ein spanischer Mädchen-Vorname und bedeutet „Morgendämmerung".
Man nehme - denn „man" ist ein Neutrum, gehört also allen, selbst wenn Mensch von „männisch" kommt! - Man/Frau/Weib nehme:
1 Topf Crème fraîche oder Sauerrahm, Rahm, Quark
1 Pfund geschälte Tomaten, Salz und viel Pfeffer, vermische diese Ingredienzien aufs Innigste, püriere sie eventuell.

Eine sehr feine Soße für Reiz-Reis mit Kräutern oder zu Weißbrot reizend, auch gerne neben Bratkartoffeln und Kartoffelpuffern und auf Grünzeug.

Aurora-Soße

Aurora ist ein spanischer Mädchen-Vorname und bedeutet Morgendämmerung. Man nehme, denn "man" ist ein Neutrum gehört also allein, selbst wenn Mensch von männisch kommt! Man/frau weiß nehme: 1 Topf Crème fraîche oder sauerrahm oder Quark, 1t geschälte Tomaten, Salz und irel Pfeffer, vermische diese Ingredienzien aufs Innigste, püriere sie eventuell. Eine sehr feine Soße für Reiz-Reis mit Kräutern oder zu Weißbrot reizend, auch gerne neben Bratkartoffeln und Kartoffelpuffern! und any grünzeug.

TOMATENCREME MIT PEPERONI (PIPERADE)
ODER OHNE

1 Pfund geschälte Tomaten, 2 Peperoni, Salz, Zucker,
Pfeffer nach Belieben und Empfinden, Olivenöl,
12 geschälte Knoblauchzehen.
Diese Zehe heißt in der provençalischen Küche eine
Gousse=Lesbe, wohl weil sie so eng aneinanderliegen!!
Das Ganze in einer tiefen Pfanne leise köcheln lassen,
oft umrühren und je nach Gefühl den Deckel heben
oder wieder zudecken. Kräuter nach Belieben, wie
Thymian, Rosmarin, Salbei, feingehackte Schalotten, im
Kochprozeß addieren.
Frische Kräuter und etwas Öl erst ganz am Ende hinzu-
fügen. Kann püriert oder so wie es ist gegessen werden
und paßt zu Weizen (*Bulgur*), Reis, Kartoffeln, allen
Gemüsesorten, Fisch und Geflügel.

Tomatencreme mit Pepperoni oder ohne ~.

1 kg geschälte Tomaten, 2 Pepperoni, Salz, Zucker, Pfeffer nach Belieben u. Empfinden, Olivenöl 12 geschälte Knoblauchzehen. Diese Zehe heißt in der provenzalischen Küche eine 'gousse' = Hülse, wohl weil sie so eng aneinander- liegen!

Das ganze in einer tiefen Pfanne leise köcheln lassen, oft um- rühren und je nach Gefühl den Deckel heben oder wieder zudecken. Kräuter nach Belieben wie Thimian, Rosmarin, Salbei, feingehackte Schalotten im Kochprozeß addieren. Frische Kräuter u. etwas Öl vor ganz am Ende hinzufügen. Kann püriert oder so wie es ist gegessen werden und passt zu Weizen (Boulgour), Reis, Kartoffeln allem Gemüse, Fisch u. Geflügel.

Knoblauchzehen im Hemd

20-30 Knoblauchzehen ungeschält in eine flache
Kasserolle (Topf) geben, zusammen mit feingehackten
Schalotten und 3 Eßl. Öl.
Leicht anbräunen lassen.
Mit etwas Rotwein weiter leicht köcheln lassen.
2 Glas Wasser hinzufügen und den Topf bedecken.
Nach 20 Minuten mit etwas Mehl sämiger machen,
Salz, Pfeffer und Kräuter hinzufügen und zu Weißbrot
und Salat verzehren.

Mit mehr Wasser ergibt diese Soße die berühmte
Suppe *Aigue Bolido* (gekochtes Wasser), welche auf ein
Stück Weißbrot gegossen für sich selbst ein sehr gutes
Essen ist.
Alle Soßen lassen sich auf Suppen ausdehnen und
pürieren.

Für Mädchen, welche das „Hemd" nicht essen wollen:
Das Rezept gilt auch ohne Hemd.

Knoblauchzehen im Hemd

20-30 Knoblauch-
zehen ungeschält
in eine flache
Casserolle (Topf) geben
zusammen mit fein-
gehackten Schalotten
und 3 El Öl.
leicht anbräunen lassen.
Mit etwas Rotwein
weiter leicht bröckeln
lassen. 2 Gläser Wasser hinzufügen und den Topf bedecken.
Nach 20 min. mit etwas Mehl
sämiger machen, Salz, Pfeffer u.
Kräuter hinzufügen und zu
Weißbrot und Salat verzehren.
Mit mehr Wasser ergiebt diese
Soße die berühmte Suppe
Aigue-Bolido (gekochtes Wasser),
welche auf ein Stück Weißbrot
gegossen für sich selber ein sehr
gutes Essen ist.
Alle Soßen lassen sich auch
Suppen aus denen mit Wasser
und pürieren - für Mädchen,
welche das "Hemd" nicht essen
wollen: das Rezept geht auch
ohne Hemd.

Mittelcremige Ziegen- oder Schafskäse in eine feuerfeste Form geben und langsam schmelzen lassen, entweder im Ofen oder Wasserbad, welches *Bain-Marie* (Marienbad) genannt wird. Für mehr Geschmack können Roquefort oder andere stärkere Käse am Ende des Schmelzprozesses hinzugefügt werden.

Diese Soße auf zerhackte Kartoffeln geben und mit Petersilie bestreuen, plus feingehackte Schalotten.

Käsesoßen im Ofen

Käse soßen im Ofen

Mittelcremige Ziegen oder Schafskäse in eine feuerfeste Form
geben und langsam schmelzen
lassen, entweder im Ofen,
oder Wasserbad, welches
Bain-Marie (Marienbad) genannt
wird. Für nicht geschmolz.
können Roquefort oder andere
stärkere Käse am Ende des
Schmelzprozesses hinzugefügt werden.
diese Soße auf zerhackte Kartoffeln
geben und mit Petersilie bestreuen,
plus feingehackte Schalotten.

Gorgonzola-Soße

Der Gorgonzola-Käse ist, wie der Name es sagt, der Liebling der Gorgonen - und Zola war ein sozial engagierter Schriftsteller!

Gorgonzola geschmolzen ist ein prima fettarmer Ersatz für Rahm und Butter. Käse ist eine Art von noch unbegreiflicher Fabrik für sich selbst.

Auf die Gorgonen-Zola-Soße viel Thymian bröseln und zu Rosmarinkartoffeln reichen: ein Gedicht!

Gorgonzola-Soße

Der Gorgonzola-Käse ist, wie der
Name es sagt, der Liebling der
Gorgonen. (und Zola war ein
sozial engagierter Schriftsteller!)
Gorgonzola geschmolzen ist ein
prima fettarmer Ersatz für Rahm
und Butter. Käse ist eine Art
von noch unbegreiflicher Fabrik
für sich selbst.
Auf die Gorgonzolasoße viel
Thymian bröseln und zu
Rosmarin-Kartoffeln reichen:
ein Gedicht!

Marga-Hara-Soße

Marga hat nichts mit Margarine, Hara nichts mit Harakiri zu tun.
Im Gedenken unserer maghrebinischen Schwestern von Übersee - wir leben alle auf den gleichen Bergen über dem gleichen Meer, ob provençalisch, ligurisch, iberisch, maghrebinisch - ihre und die Substanzen unserer Küche sind sich vertraut.

Öl, Zwiebeln, Knoblauch mit scharfem Pimento und Kümmel in Pfanne oder Topf leicht köcheln lassen. Salz und Pfeffer hinzugeben und mit Wasser und Zitronensaft abschmecken.
Zu hausgemachtem Brot (*Kesra*) oder hauchdünnen Buchweizenplinsen. Dazu eine Tomate.

Marga-Hara-Soße

Marga hat nichts mit Margarine,
Hara nichts mit Harakiri zu tun.
Zu gedenken an unsere magreb-
inischen schwestern von überm —
wir leben alle auf dem gleichen Meer!
Bergen über dem gleichen Meer!
ob provençalisch - ligurisch -
ibérisch - magrebinisch unsere
und die Gewürzen unsre Küche
sind sich verwandt.
die Zwiebeln, Knoblauch mit
scharfem Pimiento und Kümmel
in Pfanne oder Topf leicht köcheln
lassen. Salz u. Pfeffer hinzugeben
und mit Wasser und Zitronensaft
abschmecken. Zu hausgemachtem
Brot (Kesra) oder handdünnen
Buchweizenblinsen. Dazu eine Tomate.

"piekt an der
Nase"

!

Eine vorzügliche Soße für Aperitive:
Schwarze oder grüne entkernte Oliven im Mörser oder
Mixer pürieren.
Öl, das *extra vierge* (das extra jungfräuliche), Kapern,
Anchovis und Parmesankäse hinzufügen.
Die Proportionen können von je 1/8 bis 1/4 gehen - das
ist eine Geschmacksfrage.

Paßt zu Toastbrot, Setzeiern, Gemüse, Fisch und
Geflügel. Hält sich, mit Öl bedeckt und gut verschlossen,
mehrere Wochen.
Im gleichen Prinzip mit Basilikum verfahren.

TAPENADE

Tapenade

Eine vorzügliche Soße für's Aperitive:
schwarze oder grüne entkernte
Oliven im Mörser oder Mixer
pürieren. Öl, das extra jungfräuliche, Kapern, Anchovis
und Parmesankäse hinzufügen.
Die Proportionen können von je
1/8 bis 1/4 gehen – das ist eine
Geschmacksfrage. Paßt zu
Toast-Brot, saueren Gemüse,
Fisch und Geflügel. Hält sich,
mit Öl bedeckt und gut verschlossen mehrere Wochen.
Zum gleichen Prinzip mit Basilik
verfahren.

ZWIEBELSOßE–DOKUMENTA

Die sehr gesunde Zwiebel steht ebenfalls als Betitelung
einer gewissen Frauenliebe: Hast du diese Zwiebel da
gesehen?? Wahrscheinlich, weil sie sich so oft häuten -
für jede Liebschaft eine neue Haut haben - oder weil wir
in der Beziehung mit ihr so oft weinen?

3 bis 4 verschiedene Zwiebelsorten plus Schalotten
feinschneiden und in Öl dünsten, mit Rosinen und etwas
Zucker und Weinessig.
Zum Schluß Zimt und Muskatnuß nach Belieben hinzufügen, Salz jedoch nicht vergessen.

Paßt zu Goudakäse wobei Gouda-*Goudou* im Französischen nun eben wiederum die gleichen Leute meint wie
oben genannt!!

Zwiebelgroße Dokumenta

Die sehr-gesunde Zwiebel
steht ebenfalls als Betitelung
einer gewissen Frauen liebe:
Hast du die'se Zwiebel da
gesehen?? Wahrscheinlich, weil
sie nich so oft häuten —' für
jede Lie'bschaft e'ine neue
Haut haben oder weil mi's
in der Beziehung mit ihr so
oft weinen?:

3-4 verschie'dene Zwiebelsorten
plus Schalotten feinschneiden
und in Öl dünsten mit Rosi'nen
und etwas Zucker und Weinessig. Zum Schluß Zimt und
Muskatnuß und Beleben hinzufügen, Salz jedoch nicht vergessen.
Paßt' zu Gouda-Käse, wobei'
Gouda-Gordon im franzö'sischen
nun eben wie'derum die gleichen
Leute meint wie'oben genannt!!

PILZSOßE

Die phallischen Pilzlein (nach Niki de Saint-Phalle,
bedeutet „heiliger Phallus"), egal ob getrocknet, frisch
oder in Dosen, küchenfertig in eine tiefe Pfanne geben,
mit Olivenöl, Zwiebeln, Knoblauch, Salz, Pfeffer,
Thymian, Petersilie.
Leise köcheln lassen, auf daß sie ihr Aroma entwickeln.
In einem Mixer oder einer *flotten Lotte* pürieren und
Crème fraîche, Gorgonzola, etwas Roquefort hinzufügen, mit frischen oder trockenen Kräutern jeder Art
(außer Dill!) garnieren und über Nudeln, Kartoffeln oder
Weizen geben.

Vorzüglich zu Brot und Tomatensalat mit Schalotten.

Pilzsoße

Die phallischen Pilzlein (nach Niki de Saint-Phalle, bedeutet heiliger Pilz!) egal ob getrocknet, frisch oder in Dosen, küchen- fertig in eine tiefe Pfanne geben mit Olivenöl, Zwiebeln, Knob- lauch, Salz, Pfeffer, Thymian, Petersilie .. Leicht köcheln lassen, auf dass sie ihr Aroma entwickeln. In einem Mixer oder einer "flotten Lotte" pürieren und Crème fraîche, Gorgonzola, etwas Roquefort unterrühren, mit frischen oder trockenen Kräutern je nach Art (außer Dill!) garnieren und über Nudeln, Kartoffeln oder Weizen geben. Vorzüglich zu Brot mit Tomatensalat und Schalotten.

Trüffeln sind die Krönung der weiblichen Existenz,
gewissermaßen der feminine oder feministische Pilz.
Gehoben wird selbiger von Hündinnen oder Säuen
oder angezeigt durch Fliegen... Das sind doch alles
unsere Leute?!

Die Trüffeln sind heuer nicht mehr so teuer: Es gibt
Trüffeljägerinnen in France und chinesische Trüffeln
und Konserven diverser Art. Ob frisch oder eingemacht,
die beste Art, dieses Gewächs zu verzehren, ist
à la bergère (Hirtinnen-Art)

Schwarze Trüffeln in genügender Menge, plus einige
weiße in Olivenöl geben, mit etwas Salz und weißem
Pfeffer.
Kühl ausruhen lassen.
Dazu Ackersalat, Chicorée, rote Beete, Nüsse, Brot.
Das Olivenöl darf sogar ein wenig gefrieren. Ein Ziegen-
oder Schafskäse zum Abrunden -
und das ist der Himmel auf Erden!

Die Trüffelspeise

Trüffeln sind die Krönung der
weiblichen Existenz geinsprungen
der feminine oder feministische
Diät. gehoben sind selbiger
von Hündinnen oder Säuen oder
angezeigt durch Fliegen .... das
sind doch alles junge Leute!?
Die Trüffeln sind heuer nicht
mehr so teuer: es gibt Trüffeljägerinnen in Frankr und
Chinesische Trüffeln und Konserven
diverser Art. Ob frisch oder
eingemacht, die beste Art, dieses
Gewächs zu verehren, ist:!
à la Bergère (Hirtinnen-Art)

2 — ∞ schwarze Trüffeln
+ einige weiße in Olivenöl
geben mit etwas Salz u. weißem
Pfeffer. Kühl ausruhen lassen.
Dazu Ackersalat, Chicorée, rote
Beete, Nüsse, Brot. Das Oliven-
öl darf sogar ein wenig gefrieren.
Ein Ziegen- oder Schafskäse zum
Formolen – und das ist der Himmel
auf Erden!

ERNSTE GERICHTE

TORTILLA

Als erstes Ernsthaftes, Deftiges: das Omelett, auf spanisch *Tortilla*, daher die *Tortillera*, was wiederum eine weibliche Person bezeichnet, die ihresgleichen gerne hat - Warum? Weil zwei Teile sich berühren ohne sperrig zu sein, oder waren früher alle Amazonen blond und rahmig?

Man/Weib nehme:
6 - 8 Eier, schlage sie zusammen mit Salz, Pfeffer, etwas Rahm und kalten Butterflöckchen und gebe die Mischung in heiße Butter.
Langsam annehmen lassen und zärtlich mit Holzlöffeln umschlagen. Vom Feuer nehmen, wenn noch etwas feucht-flüssig.
Petersilie, Schalotten, Tomatensalat.

Varianten: Beinahe alle genannten Soßen in die Eiermasse geben oder Reibekäse und Putenschinken.

Ernste Gerichte

Als erstes ernsthaftes, deftiges
das Omelett, auf spanisch
Tortilla, was wiederum
eine weibliche Person bezeichnet,
die ihresgleichen gerne hat –
warum? Weil zwei Teile
sich berühren ohne sperrig
zu sein, oder waren früher alle
Amazonen blond und rahmig?
Man/weib nehme: 6–8 Eier,
schlage sie zusammen mit Salz,
Pfeffer, etwas Rahm und kalten
Butterflöckchen und gebe die
Mischung in heiße Butter.
Langsam anziehen lassen u.
Zärtlich mit Holzlöffeln um-
schlagen. Vom Feuer nehmen wenn
noch etwas feucht – flüssig.
Petersilie Schalotten, Tomatensalat.
Varianten: beinahe alle genannten
Sorten in die Ei-masse geben oder
Reibkäse u. Putenschnitten.

Kartoffelbrei (1 kg)
4 frische Ziegenkäse
2 rahmige Käse
4 - 8 gekochte Knoblauchzehen
3 rohe Zehen, Salz, Pfeffer, Petersilie
zusammen zerstampfen und Olivenöl beigeben.

Die Masse soll geschmeidig sein, aber nicht in Öl
baden!
Warm oder lauwarm essen oder in eine *Terrine* geben
und kalt stellen. Später in Scheiben schneiden und zu
Tomaten und Salat reichen. Auch unsere
Piperade-Soße paßt gut dazu.

Ein uraltes Rezept der Provençalinnen, welches sie
noch mit Bergbohnenkraut (*Sarriette*) bestreuen.

DIE KASCHA

Die Kascha

Kartoffelbrei (1kg), 4 frische
Ziegenkäse, 2 räkmige Käse,
4-8 gekochte Knoblauchzehen,
3 rohe Zehen Salz, Pfeffer,
Petersilie zusammen zerstampfen
und Olivenöl beigeben.
Die Masse soll geschmeidig
sein, aber nicht in Öl baden!
Warm oder lauwarm essen oder
in eine Terrine geben und kalt
stellen. Später in Scheiben schneiden
und zu Tomaten u. Salat reichen.
Auch unsere Piperaden sauce passt
gut dazu. Ein uraltes Rezept
der Provenzalinnen, welches sie
noch mit Berglauchkraut
(Sarriette) bestreuen.

Auberginen-Geschmelz

Die Aubergine, ein Nachtschattengewächs, ist ebenfalls ein guter Fleischersatz.

Man/Weib nehme 6 - 8 mittlere Auberginen und schneide sie in fingerdicke Scheiben, bestreue sie mit Salz und lasse sie eine halbe Stunde ihren Saft verlieren. In einer flachen Kasserolle 10 grobgehackte Knoblauchzehen, Öl, die abgetrockneten Auberginen mit etwas Pfeffer, Zimt und Zitronensaft sanft verrühren und schmelzen lassen. Beim Topf bleiben auf kleinster Flamme.

Nach und nach grobgewürfelten halbtrockenen Ziegenkäse hinzugeben und verrühren. Abschmecken in puncto Zimt und Zitrone, Öl.

Die Mischung kann warm oder kalt verzehrt werden, mit Brot und Kartoffeln.

Auberginen - geschmelz

Die Aubergine, ein Nachtschatten -
gewächs, ist ebenfalls ein guter
Fleischersatz. Man - weiß nehme
6 - 8 mittlere Auberginen und
schneide sie in fingerdicke Scheiben,
bestreue sie mit Salz und lasse
sie eine halbe Stunde ihren Saft
verlieren. In einer flachen Kasserolle
10 grobgehackte Knoblauchzehen,
Öl, die abgetrockneten Auberginen,
mit etwas Pfeffer, Zimt und
Zitronensaft. Sanft verrühren
und schmelzen lassen. Beim Topf
bleiben auf kleiner Flamme.
Nach und nach grobgewürfelten
halbtrockenen Ziegenkäse hinzugeben und verrühren. Abschmecken
in Punkto Zimt u. Zitrone, Öl.
Die Mischung kann warm oder kalt
verehrt werden, mit Brot oder Kartoffeln.

RATATOUILLE

Die Ratatouille ist der letzte Ausweg der Provençalin, und ihr Name verheißt nichts Gutes, so etwas wie ein liebloses Allerlei.

Jedoch können Erwachsene Mädchen daraus etwas Feines machen, wie folgt:

Du nimmst: 3 Auberginen, 2 Zucchini, 2 Peperoni, 3 Zwiebeln, 1 Kopf Knoblauch und brätst jede Art erst einmal für sich an.

Öl abtropfen lassen und alle Zutaten zusammen in einer Kasserolle mit Rosmarin, Thymian, etwas Salz und Pfeffer leise köcheln lassen; wenn nötig, ein Glas Wasser dazu geben.

Nach Garzeit die Flüssigkeit abgießen, ein paar Tomaten, frische Schalotten, Basilikum und etwas Öl hinzufügen.

Dazu passen frische Nudeln, Gnocchis oder Brot.

Püriert durch die *flotte Lotte* und in den Ofen mit Parmesan heißt der Auflauf *Böhmerin*. Dazu etwas Kartoffelbrei und grüner Salat.

Alle Verzweiflung ist weg!

Ratatouille

Die Ratatouille ist der letzte
Ausweg der Provenzalin und
ihr Name verheißt nichts gutes,
so etwas wie ein liebloses
Allerlei. Jedoch können Erwach-
sene Mädchen daraus etwas
ganz feines machen - wie folgt:
Du nimmst: 3 Auberginen 2 Zucchini's,
2 Peperoni's, 3 Zwiebeln, 4 Kopf
Knoblauch, und brät's jede Art
Gemüse einzeln für sich an
Öl abtropfen lassen und alle
Zutaten zusammen in eine Kasse-
role mit Rosmarin u. Thymian
etwas Salz u. Pfeffer. Leise pöcheln
lassen, wenn nötig ein Glas Wasser.
Nach Garzeit das Wasser abgiessen
ein paar Tomaten, frische Schalotten,
Basilikum und etwas Öl hinzufügen.
Dazu passen frische Nudeln,
Gnocchi's oder Brot. Pam'st durch
die flotte Lotte und in den
Ofen mit Parmesan, heisst der
Auflauf "Böhmern". Dazu etwas
Kartoffel brei und grüner Salat.
Alle Verzweiflung ist weg!

GEBRATENE CHICORÉE (*ENDIVIEN*)

Die geputzten Endivien zusammen mit ganzen
Schalotten in eine Pfanne oder einen tiefen Topf mit
Glasdeckel in heißes Öl geben und stark anbraten.
Drehen und wenden, damit eine gute Bräunung ent-
steht, dann leise köcheln lassen. Salz, Pfeffer, Thymian
oder Rosmarin hinzugeben.
Nach Garzeit Gorgonzola oder Roquefort und Crème
fraîche hinzufügen.
Die Chicorée badet jetzt in einer hellbraunen Soße und
paßt zu parfümiertem Reis.
Viel Petersilie, Schalotten und Tomaten, Salat, Weißbrot.

Auf die gleiche Art kann mit Pilzen verfahren werden,
mit Zwiebeln und Knoblauch.

Die Pfannengerichte haben den Vorteil, daß eine Pfanne
auch eine Waffe ist - wie die meisten Küchengegenstände, was Erwachsenen Mädchen durchaus bewußt
ist!!

Gebratene Chirocée (Endivien)

Die geputzten Endivien zusammen mit ganzen Schalotten in eine Pfanne oder tiefen Topf mit Glasdeckel in heißes Öl geben und stark anbraten. Drehen u. Wenden, damit eine gute Bräunung entsteht! dann fein köcheln lassen. Salz Pfeffer Thymian oder Rosmarin hinzugeben. Nach Garzeit Gorgonzola oder Roquefort und Crème fraîche hinzu geben. Die Chicorée badet jetzt in einer hellbraunen Soße und paßt zu parfümiertem Reis. Viel Petersilie/Schalotten u. Tomaten salat, Weißbrot.

Auf die gleiche Art kann mit Pilzen verfahren werden, mit Zwiebeln, mit Knoblauch. Die Pfannengerichte haben den Vorteil, daß eine Pfanne auch eine Waffe ist - wie die meisten Küchengegenstände was Erwachsenen Mädchen durch den benutzt ist!!

Kuß-Kuß

Dieses freundliche Essen unserer arabischen
Schwestern macht sich im Handumdrehen:

a.- Kichererbsen, Backpflaumen, Rosinen einweichen

b.- Kußkußkörner im Dampfbad mit etwas Butter garen

c.- in einem Topf mit Öl folgendes versammeln und
anbraten:

Zwiebeln, Knoblauch, Sellerie, Peperoni, Möhren, Erbsen
und Bohnen, Tomaten, Tomatenmark, scharfen Pimento,
Kümmel, *Ras-el-Hanut* (Gewürz) mit Wasser bedecken.
Backpflaumen, Kichererbsen und Rosinen hinzufügen.
Leise eine Stunde kochen.
Wer mag, reicht Perlhuhn oder Pute dazu.

Die Kußkußkörner mit Rosinen auf einen Teller geben,
die Soße drumherum - und sonst gar nichts!

Kuß – Kuß

Dieses freundliche Essen unserer
asiatischen Schwestern macht
sich im Handumdrehen:

a) Kichererbsen, Backpflaumen und
Rosinen einweichen.

b) Kuß-Kuß Körner im Dampfbad
mit etwas Butter garen

c) in einem Topf mit Öl folgendes
versammeln und anbraten:
Zwiebeln, Knoblauch, Sellerie,
Peperoni, Möhren, Erbsen und
Bohnen, Tomaten, Tomatenmark,
scharfer Pimiento, Kümmel,
Kasselbraten (Gewürz) mit
Wasser bedecken. Backpflaume
hinzufügen, Kichererbsen und
Rosinen. Leise 1 Stunde kochen.
Wer mag fügt Pollhuhn oder
Pute hinzu. Die Kußkuß -
Körner mit Rosinen auf einem
Teller geben, die Soße drum -
herum – und sonst gar nichts!

Die gleiche Präparation (ohne Huhn, Pute oder Ente) wird auf dem Teller serviert, zusammen mit frischem Schafs- oder Ziegenquark und einer Scheibe Wassermelone. Dazu feingehackte Pfefferminzblätter.

SommerKußkuß

Sommergystay 3

Die gleiche Präparation (ohne
Huhn, Pute oder Ente) wird
auf dem Teller serviert zusammen
mit frischem Schaf- oder
Ziegenquark und einer großen
Scheibe Wassermelone. Dazu
feingehackte Pfefferminzblätter.

PERLHUHN À LA TEUFELIN

Eines Tages haben wir uns entschieden (Entscheidung heißt, sich aus der Scheide zu ziehen), keine Säugetiere mehr zu essen. Welche Erwachsenen Mädchen entschließen, Fisch und Geflügel zu essen, und welche nicht, das ist gewiß eine soziologische Frage, oder besser soziologisch eine Gewissensfrage. Der goldene Mittelweg bedeutet:

hin und wieder und selten und nur sehr gut.

Das Perlhuhn in 6 Stücke schneiden (aus den Resten eine Reissuppe kochen) und in einer Marinade von Senf und Tomatensoße mit viel Thymian wälzen.

Bis zum Abend kühl stellen.

Wenn möglich, auf Rosmarin grillen, sonst in einem tiefen Topf mit Öl und Crème fraîche langsam und leise garen.

Dazu Weizen, Reis oder Nudeln.

Schmeckt, als ob Dir die Tauben in den Mund flögen...

Perlhuhn à la Teufelin

Eines Tages haben wir uns entschieden (Entscheidung heißt -
sich aus der Scheide zu ziehen!)
keine Säugetiere mehr zu essen.
Welche Erwachsenen Mädchen
entschließen Fisch u. Geflügel
zu essen - und welche nicht, das
ist gewiß eine soziologische Frage,
oder besser soziologisch eine
Gewissensfrage. Der goldene
Mittelweg bedeutet: hin u.
wieder, und selten und was
sehr gut.

Das Perlhuhn in 6 Stücke schneiden
(aus den Resten eine Reissuppe
(kochen) und in einer Marinade
von Senf und Tomatensauce
mit viel Thymian während
bis zum Abend frisch stellen.
Wenn möglich auf Rosmarin
grillen, sonst in einem tiefen
Topf mit Öl u. Crème fraîche
langsam u. leise garen. Dazu
Weizen, Reis oder Nudeln.
schmeckt als ob Dir die Tauben
in den Mund fließen.....

Fisch und Meeresfrüchte in Pfannen

Es heißt, daß die Amazonen auch die ersten
Seefahrerinnen waren, und so können wir uns Pfannen
à l'Amazone vorstellen.
Jakobsmuscheln, Miesmuscheln, Krabben, Langustinen
in Zitronenbutter mit Schalotten und Petersilie leise
garen.
In einen Reiskranz geben oder nur mit Weißbrot tunken
oder zu dem jüdischen *Mazzenbrot* (einer Art
Knäckebrot von den Wikingerinnen, welches eine schö-
ne, runde Form hat und, wie die Sonne, die weibliche
Unendlichkeit symbolisiert).
A-mazzen stammt von den Amazonen ab. Sie hatten
keine Zeit und buken das Brot unter dem Sattel, ohne
Hefe und Gärung!

Fisch und Meeresfrüchte
in Pfannen.

Es heißt, daß die Amazonen auch
die Ersten Seefahrerinnen waren
und so können wir's uns Pfannen
à l'Amazone vorstellen:
Jacobsmuscheln, Miesmuscheln,
Krabben, Langustinen in Zi-
tronenbutter mit Schalotten u.
Petersilie leise garen. In einem
Reiskranz geben oder nur mit
Weißbrot tunken oder zu dem
Jüdischen MatzenBrot (eine Art
Knäckebrot von den Wikingerinnen)
a. Matzen stammt von den
Amazonen ab, nie hatten Zeit keine
Zeit und rochen das Brot unter
dem Sattel, ohne Hefe!

DAS OMELETT VON EIERN

Eine Seltsamkeit aus der romanischen Küche:

Ein flaches Omelett wird fabriziert von 10 bis 20 Eiern.

In diesen Pfannkuchen hinein kommen Rühreier, harte

Eier, weiche Eier, Spiegeleier, Setzeier, Eier in Gelee,

Kräutereier, Mimosa-Eier, Käse- und Schinkenrühreier.

Dann wird der Fladen zugeklappt wie eine Tasche, in eine

Terrine gegeben und scheibenweise als Pastete geges-

sen, welche auf dem Teller einen schönen bunten

Eindruck macht, wie ein impressionistisches Bild.

Darüber wird Tomatensoße, grüne Soße und Tapenade

gegeben, mit viel Brot!

Das Mimosa-Ei (nach der erstblühenden Februarpflanze

genannt) ist eine geraspelte Trennung von weiß und gelb,

sehr günstig für Erwachsene Mädchen,

welche ja dieses nicht essen und jenes doch.

Jeder das Ihre!!

Grünen Salat nicht vergessen!

Das Omelett von Eiern

Eine Seltsamkeit aus der romanisch-schweizerischen Küche: Ein flaches Omelett wird fabriziert von mindestens 20 Eiern. In diesen Pfannkuchen hinein kommen Rühreier, harte Eier, weiche Eier, Setzeier und Mimosa-Eier: dann wird die Sache zugeklappt, in eine Terrine gegeben und scheibenweise als Pastete gegessen. Darüber Tomaten- oder grüne Soße – Sauce – Sauße! und weiß Brot. Das Mimosa-Ei (nach der verblühenden Pflanze genannt) ist eine geraspelte Krauy von Weiß und Gelb. Sehr gut ist's für erwachsene Mädchen, welche ja dieses nicht essen und jenes doch. Jeder das ihre!! Grünen Salat nicht vergessen!

Der Name der Rosine *Sultanine* kommt von der
Sultanin. Ob es wohl noch welche gibt?
6 Auberginen in fingerdicke Scheiben zerschneiden,
salzen, schwitzen lassen und abtupfen.
Dann in der Pfanne braten und auf Küchenkrepp ihr
Fett verlieren lassen.
Inzwischen Mandeln und Sesamkörner rösten, eine
Béchamel und eine Tomatensoße vorbereiten und in
einer feuerfesten Ofenform schichtweise (die obere
Schicht wird dann Parmesan) die Auberginen,
Béchamel, Mandeln, Tomatensoße, Sesam aufbauen.
In den Ofen geben, bis der Parmesan goldgelb ist.
Der Sultanin Deines Herzens anbieten und sie auf-
fangen, wenn sie umfällt.

Nota bene: Es dürfen Sultaninen *und* Rosinen *und*
Pinienkerne dabei sein. Auch Zimt und Muskat.
Aber ALLES nur nach Gefühl!
Nicht nach Kochbuch!

Die Sultanin fällt um....

Der Name der Rosine "Sultanine"
kommt von der ... Sultanin.
Ob es wohl noch welche gibt?
Wir zerschneiden 6 Auberginen
in fingerdicke Scheiben, salzen
und abtröpfeln lassen, dann in
der Pfanne braten u. auf Küchenkrepp ihr Fett verlieren lassen.
Inzwischen Mandeln und Sesam-
Körner rösten, eine Bechamel u.
eine Tomatensauce vorbereiten
und in ein Ofengefäß schichtweise
(die obere Schicht wird dann Parmesan)
die Auberginen, Bechamel, Mandeln,
Tomatensauce, Sesam immer aufbauen. In den Ofen geben bis
der Parmesan goldgelb ist.
Der Sultanin Deines Herzens an-
breiten und sie auffangen, wenn
sie umfällt.
Nota Bene: Es dürfen Rosinen
und Sultaninen und Pinienkerne
dabei sein. Auch Zimt u. Muskat.
Aber ALLES nur nach Gefühl.
Nicht nach Kochbuch!

Ein spätsommerliches Festessen, gerade bevor der Basilikum, auch *Pistou* genannt, uns *Au revoir* sagt. Rote, gelbe, weiße, braune und grüne Hülsenfrüchte am Vortag getrennt einweichen, zwei Handvoll pro Sorte. Grüne Brechbohnen, kleine Suppennudeln und kleine Kartoffelwürfel in gleicher Menge vorbereiten. Alles zusammen in einen Topf geben, mit Salzwasser bedecken und langsam garen lassen.

Wenn nötig, Wasser nachfüllen, damit keine *Pampe* entsteht.

Inzwischen den Pistou (großblättrig) grob hacken und tüchtige Händevoll auf den Boden einer Suppenschüssel geben.

Eine *Aïoli* (Senf-Knoblauch-Mayonnaise) zubereiten und auf die Blätter legen. Die Suppe kochend heiß in die Schüssel geben, etwas Reibekäse, Toastbrot, Tomatensalat, und das Fest beginnt.

Und dann eine Siesta...

BOHNENEINTOPF *PISTOU*

Bohneneintopf Pistou

Ein spätsommerliches Festessen, gerade bevor der Basilik, Pesto, auch Pistou uns au-revoir sagt. Rote, gelbe, weiße, braune und grüne Hülsen frühste am Vortag getrennt einweichen 2 handvoll pro Sorte. Grüne Brechbohne vorbereiten, kleine Suppennudeln und kleine Kartoffelstücke. Es soll von allem gleichmäßig viel in den Topf kommen. Mit etwas Salz zu Feuer geben und langsam garen lassen. Wenn nötig Wasser nachfüllen, damit keine Pause entsteht. Inzwischen den Pisto (grobblättrig) zwei hacken und tüchtig bändervoll auf den Boden der Suppenschüssel geben. Ein Aioli (Senf, Ei, Knoblauch, Mayonnaise) zubereiten und auf die Blätter legen. Die Suppe kochend heiß in die Schüssel geben, etwas Reibekäse, Toast-Brot, Tomatensalat, und das Fest beginnt. Und dann eine Siesta ....

Die Schillerlocke stammt bekanntlich von ihrer Erfinderin Frau von Schiller (!) ab, welche sich hinter einer Fassade der *züchtigen Hausfrau* verbarg, was auch heute noch eine Menge Leute tun!! Die Maske ist erprobt!

In einem schweren ovalen Topf Butter und/oder etwas Entenfett zusammen mit Zwiebeln erhitzen.
1 oder 2 Pfund Sauerkraut, 2 Lorbeerblätter und 20 Wacholderbeeren hinzufügen.
Das Kraut muß langsam Farbe annehmen und blondieren. Mit Weißwein löschen und köcheln lassen.
Pellkartoffeln der kleinen Sorte *Ratten* kochen, pellen, kurz in Butter schwenken.
Den Räucherfisch Haddock und die Schillerin-Lockin leicht in Milch garen. Das fertige Kraut mit Ratten umranden, etwas Schalotten und Petersilie zur Dekoration darüber streuen und den Fisch oben aufs Kraut dressieren, wie weiland die Würste...!
Und danach höchstens noch Kochbuch lesen und gute, gute Nacht!

Sauerkraut mit Haddock und Schillerlocke

Die Schillerlocke stammt bekanntlich
von ihrer Erfinderin, Frau von Schiller!
ab, welche sich lieber einer Tarnade
der "züchtigen Hausfrau" verbarg, was
auch heute noch eine Menge Leute
tun!! Die Maske ist geprobt!
In einen schweren, ovalen Topf Butter
u. oder etwas Entenfett zusammen
mit Zwiebeln stupfen. 1 oder 2 ℔
rohes Sauerkraut hinzufügen, 2 Lorbeerblätter und 20 Wacholderbeeren
Das Kraut muß langsam annehmen
und blondieren. Löschen mit Weißwein und köcheln lassen. "Ratten"
Pellkartoffeln der kleinen sorte "Ratten"
kochen pellen nur in Butter schwenka
Den Räucherfisch Haddock und die
Schillerin-Locken leicht in Milch
garen. Das fertige Kraut mit Ratten
umranden, etwas Schalotten u. Petersilie
zum Anschein und den Fisch oben
aufs Kraut drapieren, wie weißund
die Würste...! Und danach würter
noch kochbüch lesen und gute,
gute Nacht!

megaout ↑   inn →

Die *Niçoise* (Nizzaerin) eignet sich patent für Erwachsene Mädchen, welche pressiert sind, doch abends noch Amazonen zu Tische bitten.

In einer großen Glas- oder Plastikschüssel versammeln sich - immer per Handvoll - grüne Bohnen, Pell-Ratten, etwas Reis, Tomatenscheiben, Zucchini (roh oder gekocht), grüner Salat, Endivien, Kichererbsen und Peperoni-*Filets*.

In die Mitte Thunfischkrümel dressieren und mit weichen Eiern umranden, welche mit Sardellen und schwarzen Oliven dekoriert werden.

Petersilie und die erste klassische Senfsoße runden diese Köstlichkeit ab.

Dazu reichen wir diverse Käse und Weißbrot.

Die Zutaten können alle am Vorabend zubereitet werden, jedoch in getrennter Aufbewahrung, und werden erst bei Tisch mit Schalotte und Kräutern bestreut.

Nizzaer Salat

Nizzaer Salat

Die "Niçoise" (Nizzaerin) eignet sich patent für Erwachsene Mädchen, welche prüde sind und doch abends noch Amazonen zu Tische bitten. In eine große Glas- oder Plastikschüssel verkrümeln sich (immer per handvoll) grüne Bohnen, Pell-Ratten, etwas Reis, Tomatenscheiben, Zucchinis (roh oder gekocht) grüner Salat, Endivien, Kichererbsen und Pepperoni-Filets. In die Mitte Thunfischkrümel drapieren und mit weichen Eiern umrunden, welche mit Sardellen und schwarzen Oliven dekoriert werden. Petersilie und die 1. islamische Senfsoße runden diese Köstlichkeit ab. Dazu reichen wir diverse Käse und Weißbrot. Die Zutaten können alle am Vorabend zubereitet werden jedoch in getrennter Aufbewahrung und werden erst bei Tisch mit Schalotten und Kräutern bestreut.

Krämerinnen führen ihren Laden und müssen trotzdem
mittags an die Küchen-Kandare. Deshalb dieses Rezept,
um ihnen zu helfen:

In einen flachen breiten Topf Öl geben und grob
geraspelte Zwiebeln und Knoblauch anbräunen lassen.
1 kg feste Kartoffeln in kleine Würfel schneiden, Wasser
darüber gießen, salzen, pfeffern, mit etwas Rosmarin
oder einer Kräutermischung bestreuen.
Leise köcheln lassen.
Kurz vor dem Auftischen fein gehackte Schalotten,
Tomatenwürfel und Petersilie beimischen.
Eine gekochte Sellerieknolle in dicke Scheiben schneiden
und in Zwiebelbutter *à la Beef* rösten.
Dazu grüner Salat mit weißen Pariser Champignons
und Zitronensaft!

HANNE DARBOVENS KARTOFFELRAGOUT
À LA KRÄMERIN

Hanne Darboven's
Kartoffelragout à la Krämerin

Krämerinnen führen ihren Laden und müssen trotzdem mittags an die Küchen-Kandare. Deshalb dieses Rezept um ihnen etwas zu helfen: In einen flachen breiten Topf Öl geben und grob geraspelte Zwiebeln und Knoblauch anbraunen lassen. 1 kg feste Kartoffeln in kleine Würfel schneiden und mit Wasser darüber gießen, salzen, pfeffern, etwas Rosmarin oder Kräuter mischen. Leise köcheln lassen. Kurz vor dem Auftischen etwas Olivenöl und feingehackte Schalotten, Tomatenwürfel und Petersilie beimischen. Eine gekochte Sellerie-Knolle in dicke Scheiben schneiden und in Zwiebelbutter à la Bof rösten. Dazu grüner Salat mit weißen Pariser Zuchtpilzen und Zitronensaft!

Hirtinnenpolenta Jeanne

Wenn die Hirtin nicht gerade auf dem Felde hütet oder
hebammenamtlich Lämmlein ins Leben ruft, kocht
sie aus Maisgrieß und Wasser eine Pampe, welche sehr
fest sein und an der Oberfläche vesuvartige knallende
Löcher zeigen muß.
Das Kratermus erkaltet wird in daumendicke Scheiben
geschnitten und in Öl leicht gebraten.
Darüber Tomatensoße und frisches Zwiebelgrün mit
Salat.
Als Pfiff und Witz dazu Maiskörner und bunte Peperoni-
Filets: Was kost' die Welt?
Diese Art von Essen beinahe gar nichts.
Es versteht sich, daß darauf ein tüchtiges Stück Käse
kommt, gewälzt in Kräuterasche und für
Nimmersattinnen darf es getrost ein flaches
Kräuteromelett dazu geben!!

Hirtinnenpolenta Jeanne

Wenn die Hirtin nicht gerade auf
dem Felde hütend oder heb-
ammenartig Lämmlein ins
Leben ruft, kocht sie aus Maisgrieß und Wasser eine Pampe,
welche sehr fest sein muß und
an der Oberfläche vesuvartige,
knallende Löcher zeigen. Das
Kratermuus erkaltet wird in
daumendicke Scheiben geschnitten
und in Öl leicht gebraten.
Darüber Tomaten-Soße und
frisches Zwiebelgrün mit Salat;
als Pfiff und Witz dazu Maiskörner und bunte Pepperon-
Filets; Was kost die Welt?
Sie ist von Eben beinahe gar
nicht. Es versteht sich daß darauf
ein tüchtiges Stück Käse kommt
gewälzt in Kräuterasche, und fürs
Nimmersattinnen darf es getrost
ein flaches Omelett dazugeben...!!

Walpurgis Halloween ist eine Lady und von ihr stammt, daß wir uns dauernd mit *Hallo* anreden, also alle den gleichen Vornamen haben: Dein Name ist Hallo!
Hallo Du? Na? Der Nachname ist also Duna!

Dunas Kürbiscreme wie folgt:
1 oder mehreren Kürbissen den Deckel absägen und mit scharfen Löffeln das reife Fruchtfleisch aushöhlen. In eine Kasserolle mit angebratenen Zwiebeln weichkochende Kartoffeln, Salz, Pfeffer und Wasser geben, sanft garen lassen, überflüssiges Wasser abgießen, mit Crème fraîche verfeinern, einen großen Klacks in die Mitte schmeißen und in dem natürlichen Kürbistopf servieren.
Gegrillte Sesamkörner und frisches Zwiebelgrün, Toastbrot und Tomatensalat mit Roquefort runden die Sache ab.

Nanu!! KÜRBISCREME À LA WALPURGIS - *HALLOWEEN*

Kürbiscreme à la Walpurgi's Halloween

Walpurgi's Halloween ist eine Lady und vor ihr stammt, daß wir uns dauernd mit Hallo anreden, also alle den gleichen Vornamen haben: Hallo Du? Na? Der Nachname ist also Duna! Dunas Kürbiscreme wie folgt. 1 oder mehreren Kürbissen den Deckel absägen und mit scharfen Löffeln das reife Fruchtfleisch aushöhlen. In eine Casserolle mit angebratenen Zwiebeln weichkoch- enden Kartoffeln, Salz und Pfeffer u. Wasser geben, sanft garen lassen, überflüssiges Wasser abgießen. Mit crème fraîche verfeinern, einen großen Klacks in die Mitte schmeißen und in dem natürlichen Kürbistopf servieren. Gegrillte Sesam- körner und frisches Zwiebelgrün, Toastbrot und Tomatensalat mit Roquefort runden die Sache ab.

! Nanu!

HALLO NA DU
HALLO DA
NU HALLO
HALLA

Wenn? Wall? Wen?
Was?

Kohlaufläufe

Kohl soll sehr gesund sein, ich meine das doppelzüngig, aber nicht anzüglich...
Kleine Kohlköpfe von Broccoli in Salzwasser garen lassen und sofort in Eiswasser duschen.
Eine Käsebéchamel vorbereiten und den Auflauf mit Parmesan in den Ofen geben.
Das gleiche Prinzip gilt für Rosenkohl- und Blumenkohlröschen. Eiswasser und Zitronensaft fürs gute Aussehen.
Variante: Alle drei Kohlsorten (jede für sich!) in Zitronen-Zwiebel-Butter schwenken, in eine Ofenform geben, mit Tomatenwürfeln, Kräutern und Parmesan kurz erhitzen, dazu Weißbrot.

Für *Entrées* (Vorspeisen) können sowohl Rotkohl als Weißkohl als Möhren in salzig-süßem Zitronenöl marinieren, und als Beilagen passen Reis, Weizen, Kartoffeln oder Nudeln *à la Chinoise*!

Kohlaufläufe

Kohl soll sehr gesund sein; ich
meine das doppelzüngig, aber nicht
anzüglich.
Kleine Köllerköpfe von Broccoli in
Salzwasser garen und sofort in Eiswasser durchen. Eine Käse-bechamel
bereiten und den Auflauf mit Parmesan in den Ofen geben. Das gleiche
Prinzip gilt für Rosenkohl und
Blumenkohlröschen. Eiswasser u.
Zitronensaft gibt's gute Aussehen
Variante: Alle drei Kohl rösten
(jede für sich!) in Zitronen-Zwiebel-
Butter schwenken, in eine Ofenform
geben, mit Tomaten mischen, Kräutern
und Parmesan kurz etikken, dazu
Weißbrot!
Für Entrées (hors d'oeuvres) können so-
wohl Rotkohl als Weißkohl als
Möhren in salzigem Wasser Zitronenöl wärmen, als Beilagen passen
Reis, Weizen, Kartoffeln oder à la
chinoise: Nudeln!

Aïoli

Ein Fest- und Tanzessen in der Provençe und so herzlich simpel:

Diverse Gemüsesorten wie Kartoffeln, Möhren, Sellerie, Fenchelknollen in Salzwasser garen lassen. Dazu frischen weißen Fisch (Kabeljau, Stockfisch) sieden lassen.

Alles abtropfen und auf einer großen Platte anrichten und mit weichgekochten Eiern, Petersilie und Schalotten garnieren.

In einer Schüssel aus Senf, Knoblauch, Olivenöl und einem Eigelb die Pomade Aïoli herstellen und dazu reichen. Oliven und Weißbrot gehören auch dazu.

Das Gericht kann warm oder auch kalt verzehrt werden.

Mit Zeit!!

Aioli

Ein Fest- und Tanz-Essen in der
Provence und so herzerlich simpel:
Diverse Gemüze wie: Kartoffeln,
Möhren, Sellerie, Fenchelknollen,
in Salzwasser garen, dazu frischen
weißen Fisch (Kabeljau, Stockfisch)
ziehen lassen. Alles abtropfen
und auf einer großen Platte
anrichten und mit weichgekochten
Eiern, Petersilie u. Schalotten garnieren.
In einer Schüssel aus Senf, Knoblauch
und Öl und Eigelb die Pommade
Aioli herstellen und dazu reichen.
Oliven u. Weißbrot gehören auch dazu.
Das geniert kann warm oder auch
kalt verzehrt werden. Mit Zeit!

Aioli
Aioli
Aioli
Aioli!

BRANDADE NÎMOISE

Das Leibgericht der Amazonen aus Nîmes - von denen
sehr viele Maurerinnen sind - ist ebenfalls von archaischer Schlichtheit:

1 kg gedünsteter Stockfisch, Morue
Olivenöl, Salz, Pfeffer und Rahm.

Weibliche Wesen werden in Nîmes als Morue betitelt,
was die Wichtigkeit dieses Essens beweist.

Alle Zutaten im Mixer pürieren. Die Creme zusammen
mit Pellkartoffeln in eine Ofenform geben und mit
Oliven, Petersilie und Knoblauchcroûtons garnieren.
Dazu grünen Salat mit Schalotten und einigen
Tomaten servieren.
Der Typus der Nîmoiserin ist lateinisch und recht grob.
Sie wird *Hommenasse* genannt, was bedeutet: *Männin*.
Manche bauen aus Olivenkernen Häuser.
Aber ganz kleine...

Brandade Nîmoise

Das Leibgericht der Amazone aus Nîmes (von denen sehr viele Maurerinnen sind...) — ist ebenfalls von archaischer Schlichtheit: Ein Kilo gedämpfter Stockfisch (Morue: wie beide Wesen werden — in Nîmes als Morue betitelt, was die Wichtigkeit dieses Ersatz beweist) zusammen mit Öl von Oliven, Salz Pfeffer und Rahm im Mixer pürieren. Die Creme zusammen mit Pellkartoffeln in eine Ofenform geben und mit Oliven, Petersilie und Knoblauch-Croutons garnieren. Dazu grüner Salat mit Schalotten und einigen Tomaten servieren.

Der Typus der Nîmoiserin ist katholisch u. recht groß. Sie werden Hommenasses genannt was bedeutet Männin. Manche bauen aus Olivenkernen Häuser. Aber ganz kleine.

TEIGWAREN

Alle möglichen Teigwaren gibt es fertig zu kaufen.
Den Teig ausrollen, in eine Form geben und mit einer
unserer Soßen bedecken, Ziegenkäse grob darüber
raspeln und fertig ist die Chose.

Spinat kochen und gut auspressen, in Zwiebelsoße
wälzen und mit Pinienkernen, Rosinen und
Puderzucker auf das Blech. Mit Teig und Puderzucker
bedecken, kurz backen. Kalt essen zu Tomaten.

Einen großen runden mittelfesten Schafskäse in
Teigpelz schmelzen lassen und als salzige Torte essen.
Praktisch alles, was sich außerhalb von Teig ißt, kann
auch mit Teig gegessen werden.

Porree-Lauch in Béchamel mit Petersilie und etwas
Putenschinken ergibt die berühmte *Quiche* aus
Lothringen.
Sauerampfer mit Brennesseln und Zwiebeln in Rahm
sind geradezu unerhört gesund.
Der Fantasie sind keine Grenzen gesetzt, was salzige
Torten betrifft. Zum Verzieren können hübsche Muster
eingeritzt werden, und mit einem Backpinsel wird
die Torte entweder mit Wasser, flüssiger Butter oder
Eigelb zum Bräunen gebracht.

Teigwaren

Alle möglichen Teigwaren gibt es,
fertig zu kaufen. Teig ausrollen,
in deine Form geben und mit
einer unserer Saucen bedecken,
Ziegenkäse grob darüber raspeln
und fertig ist die Chose.
Spinat kochen und gut auspressen,
zwei Saucen würzen und mit
Pinienkernen Rosinen und Puderzucker auf das Blech. Mit Teig
bedecken, Puderzucker bedecken, kurz
backen – kalt essen zu Toasten.
einen großen runden Mittelfesten
Schafskäse in Teigpelz schmelzen
lassen und als herzige Torte
essen. Praktisch alles, was sich
aufrollen von Teig ist, kann
auch mit Teig eingelegt werden.
Pürree - lauch in Bechamel mit
Pekorino u. etwas Muskatnüssen
ergibt die berühmte Quiche aus
Lothringen und Sauerampfer
mit Brunnenkerbel und Zwiebeln
in Rahm sind geradezu unerhört
gesund. Der Fantasie sind keine
Grenzen gesetzt, was salzige Torten
betrifft!

Brenn-
angofer   Sauer-
                           nessel

UND DANN...

etwas
Anderes

EINE KÄSEPROBE ODER OPERA

Fluxdiwups Salate und diverse Brotarten mit Tomaten
auf einem Tisch arrangieren: Dieses Fest hängt nur
vom Portemonnaie ab.
Kerzen und Käse auf Brettern oder Tellern inszenieren.
Käse aus aller Ladies Ländern. Da Käse den Magen
schließt, wird die Sache gar nicht so teuer!
Kräuter in Gläsern präsentieren wie Blumen und
Blumen, die eßbar sind - Calendula, Veilchen, Rosen -
auf die Teller geben.
Empfehlenswert: ein wirklicher, echter Rohmilch-
Camembert oder *Coulommiers* und *Brie de Meaux*,
Appenzeller, Schafs- und Ziegenkäse, Tilsiter, Edamer,
Pyrenäen, *Cantal* und Varianten von jeder Art.
Heiße Pellkartoffeln mit salziger Butter können
- müssen aber nicht - dabei sein.
Dazu empfiehlt sich ein leichter *Bordeaux*-Landwein,
rot und weiß, um die Verschiedenheit der
Geschmäcker zu empfinden.

Bon Appétit!

Eine Käseprobe oder Oper.

Fluxdings: Salate und diverse Brotarten mit Tomaten auf einem Tisch arrangieren; dieses Fest hängt uns vom Portmonaie ab! Kerzen und Käse inszenieren auf Brettern oder Tellern, Käse aus aller Ladies Ländern. Da Käse den Magen schließt wird die Sache gar nicht so teuer! Kräuter in Gläsern präsentieren und Blumen und Blumen, die eßbar sind (Calendula, Veilchen, Rosen) auf die Teller geben. Empfehlenswert: ein mittelalter echter Romadisch Camember oder coulommiers u. Brie de Meaux, Appenzeller, Schafs- u. Ziegenkäse, Tilsit, Edam, Pyrenäen und Varianten von jeder Art. Heiße Pellkartoffeln mit salziger Butter können – müssen aber nicht dabei sein. Dazu empfiehlt sich ein leichter Bordeaux – Landwein, rot und weiß um die Verschiedenheit der Geschmäcker zu empfinden. Bon Appetit!

alles nur Käse – aber was für Welche!!

NACHTISCHE UND DESSERTS

Sie bedeuten, daß der Tisch abgeräumt wird und etwas anderes erscheint.

Für die *Arlesianerin*, die Schöne mit den schönen Stoffen, auf die immer gewartet wird, die Unsichtbare, die niemals erscheint und trotzdem da ist..., für selbige heißt der feinste Nachtisch die *13 Desserts* nach dem Weihnachtsessen, welches mit Karpfen, *Kardonen* und Kapern frugal genug, ja spartanisch, eine Art von inniger Kommunion darstellt. Der *Mistral* pfeift über Berg und See, die alten Weinstöcke prasseln im Kamin. Auf schönen handgedruckten Stoffen stehen Schüsseln und Teller in gelb und grün und rot.

Das Dessert heißt 1 Apfel, 1 Rosine, 1 Mandel, 1 Feige, 1 Dattel, 1 Orange, 1 Pflaume, 1 Mandarine, 1 Nuß, 1 Haselnuß, Marzipan, Zuckerbrot, Quittenbrot. Jede Esserin (Mitesserin!) bekommt selbstverständlich alle 13 Desserts in ihren eigenen Teller. Nicht daß sich 13 Amazonen eine einzige Nuß teilen müßten!!!!!!!!!!!!!

Gewiß gibt es Varianten mit dem Dessert *Calisson*, einem Mandel-Melonenbrot, mit kandierten Früchten, Anis- und Fenchelkeksen und anderen Einfällen mehr. Aber an Weihnacht bleibt alles rührend sparsam. Es wird nicht gepraßt!

Nachtische und Desserts

bedeuten, daß der Tisch abgeräumt
wird und etwas Anderes erscheint.
Für die Arlésienne, die schöne
mit den schönen Stoffen, auf die
immer gewartet wird, die Unsichtbare, die niemals erscheint und
trotzdem da ist.... Für Selbige
heißt der feinste Nachtisch die
13 desserts nach dem Weihnachtsessen, welches mit Kapphahn, Kardon
und Kapern Fougel gehabt eine
Art von feuriger Kommunion darstellt. Der Nikolaussteigt über
Berg u. See die alten Schweinsstocke
Prangeln in ihren auf schönen
handgedruckten Stoffen stehen
ihre Schüsseln und Teller in
gelb u. grün u. Rot. Das Dessert
heißt: 1 Apfel, 1 Rosine, 1 Mandel
1 Feige, 1 Dattel, 1 Orange, 1 Pflaume
1 Mandarine, 1 Nuß, 1 Haselnuß,
Marzipan, Zuckerbrot, Quittenbrot.
Gewiß giebt es Varianten mit
dem Dessert Calisou, einem
Mandel-melonenbrot und mit
candierten Früchten, Anis und
Fenchelkeksen und anderen Einfällen mehr: aber an Weihnacht
bleibt alles: frugal, trocken, rührend.
Es wird nicht gepraßt !!!

und Kandiertes von Blume und Obst

Das Veilchen - auch Violette, daher der Name Viola - ist die erste der Blumen für Frauenleute unserer Art: Sie ist frühzeitig, blüht im Verborgenen, hat einen Squatterplatz im Pflanzen-Patriarchat - das Veilchen an der Mauer, das Mauerblümchen - und eine Farbe, die aus blau und rot etwas delikat-Unmögliches macht. Sie duftet, sie ist eßbar.

Die zarten Veilchen pflücken, in Mull binden, das Beutelchen an einen großen Holzlöffel hängen und leicht in kochendem Zuckersirup baden lassen:
3/4 Zucker, 1/4 Wasser.
Der Zuckersirup darf nicht *karamelisieren*, oder, noch schlimmer, schwarz werden.
Die Veilchen erkalten lassen, mit Puderzucker bestreuen und der Liebsten in die Lippen schieben.

Das gleiche Prinzip gilt für Melonenscheiben, nur ist die Schwenkzeit länger: für Veilchen 2-3 Minuten, für Melonen 5-10 Minuten.
Pfefferminzblätter können dieser Art konserviert werden, auch Salbei und Rosmarin.
Paßt seltsamerweise zu kleinen Röstkartoffeln!

Konfitüren Confits und
candidiertes von Blume u. Obst
Das Veilchen (auch Violette (davon
der Name Viola) ist die Erste der
Blumen für Frauenleute unserer
Art. Sie ist frühzeitig, blüht im
Verborgenen, hat eine Art von
Squatterplatz im Pflanzen-Patriarchat
und eine Farbe, die aus Blau u. Rot
etwas delikat - unmögliches macht.
Sie duftet - sie ist eßbar.
Die zarten Veilchen pflücken, in
einen Mullbeutel geben, an einen
großen Holzlöffel binden und
den Mullbeutel leicht in kochendem
Zuckersirop baden lassen: 3/4 Zucker,
1/4 Wasser. Der Zuckersirop darf
noch schwarz werden, caramelisieren.
Die Veilchen trocknen lassen mit
Puderzucker bestreuen und, der
Liebsten in die Lippen schreiben.
Das gleiche Prinzip gilt für Melonen
schreiben, nur ist die Schwenkzeit
länger. Für Veilchen 2-3 Minuten,
für Melonen 5-10 Minuten.
Pfefferminzblätter können ebenso
herausgezogen werden auch Salbei
und Rosmarin. Paßt seltsamerweise zu kleinen Röstkartoffeln!

ACH, *CONFITS*!

Reife Melonen schälen, säubern, in Stücke schneiden und in einen breiten tiefen Topf geben, 15 Minuten garen lassen und den Saft abgießen. Das restliche Fruchtfleisch wiegen und mit mindestens genau soviel Zucker umrühren und köcheln lassen.
Etwas Vanillestange, Rosinen, zerbröckelte Walnüsse und Pinienkerne hinzufügen. 30 - 45 Minuten kochen. In Gläser füllen. Kandierte Veilchen und Minzblätter als Dekoration obendrauf. Mit Marmeladenfolie, heißem Paraffin abdecken oder die Schraubgläser umdrehen.

Das gleiche Prinzip gilt für Pfirsiche, Aprikosen, Feigen, Brombeeren.
Erdbeeren und Himbeeren können im 3-Minuten-Takt gemacht werden: 3x aufkochen und ruhen lassen.

Kastanien-Confit: Die Kastanien einritzen und kochen. Die zwei Häute schälen und die Frucht in der *flotten Lotte* zu Mehl pürieren. Einen Zuckersirup vorbereiten und das Mehl hineingeben, mit etwas Vanillestange. Die Masse heiß in die Töpfe geben und mit geschmolzener bitterer Schokolade als *Kuvertüre* bedecken.
Als Dessert die Maronencreme, diverse Konfitüren und Rahm präsentieren, eine gekochte Birne, geröstete Mandeln und ein *Himbeercoulis* darüber...
Ein ganz schlimmes Vergnügen...

Ach,
Confits!

Reife Melonen schälen, säubern, in Stücke schneiden und in einen breiten tiefen Topf geben. Jetzt 15 Minuten garen und den Saft abgießen. Das restliche Fruchtfleisch messen und mit mindestens gleichviel Zucker umrühren und köcheln lassen. Etwas Vanillestange, Rosinen, zerbröckelte Walnüsse und Pinienkerne hinzufügen. 30–45 Minuten kochen. In Töpfe füllen. Candierte Veilchen und Minzblätter als Décoration obendrauf. Mit Papier abdecken oder in Schraubgläser geben und umdrehen. Das gleiche Prinzip gilt für Pfirsiche, Aprikosen, Feigen, Brombeeren. Erdbeeren und Heimbeeren können im 3-Min.-Takt gemacht werden: 3x aufkochen und ruhen lassen.

Kastanien-Confit: die Kastanien einritzen und kochen. Die 2 Häute schälen und die Frucht in der flotten Lotte zu Mehl pürieren. Einen Zuckersirop vorbereiten und das Mehl hineingeben mit etwas Vanillestange. Die Masse heiß in die Töpfe geben und mit bitterer geschmolzener Schokolade bedecken. (Couverture = Decke!) Als Dessert die Maronencreme, Confitures diverses und Rahm präsentieren, eine gekochte Birne, geröstete Mandeln und ein Heimbeerconfis darüber.... ein ganz schlimmes Vergnügen....

Aaah ah!   ooohh !

MILCHPRODUKTE IM ZUSAMMENHANG MIT KONFITÜREN

Joghurt *natur* und Quark ganz *pur* von Kuh, Schaf und
Ziege, vermischt mit unseren delikaten Konfitüren,
kaltgeschlagen oder halbgefroren, das ist ein Glücksmoment für früh morgens oder spät nachts.

Die Marmeladen mit Crème fraîche oder Rahm mixen
und tieffrieren: Unser hausgemachtes Eis wartet auf
uns... Hebt sichtlich die Laune und fördert innige Freundschaft und Einvernehmen mit Amazonen, wohl aus der
tiefen Erinnerung heraus an eine Zeit der Zärtlichkeit,
wo wir noch nicht wußten, daß wir Erwachsene
Mädchen waren und uns für Kinder hielten...

Milchprodukte im Zusammenhang mit Konfitüren

Yoghurt "natur" und Quark ganz pur, von Kuh, Schaf und Ziege, verfeinert mit unseren delikaten Konfitüren, kalt-geschlagen oder halbgefroren, das ist ein Glücksmoment für früh morgens oder spät nachts. Sie Marmeladen mit Crème fraîche oder Rahm mixen und tiefgefrieren; unser hausgemachtes Eis wartet auf uns.... Hebt nicht reich die Laune und fördert innige Freundschaft und Einvernehmen mit Amazonen, wohl aus der tiefen Erinnerung heraus an eine Zeit der Zärtlichkeit wo wir noch nicht wußten daß wir Erwachsene Mädchen waren – und uns für Kinder hielten......!

Kekse, eine Back-Wahn-Story

Die Kulinarik ist eine, das Rösten und Grillen eine andere Sparte, das Backen eine dritte, wobei vor meinem inneren Auge eine Flut von verkohlten Weihnachtsmännern auftaucht, zusammen mit Broten, die wie Ziegelsteine und Gummiknüppel aussehen und auch so schmecken. Letztere können vorteilhaft in Panüre (Brosamen) verwandelt werden und unsere Aufläufe bedecken. Es muß nicht immer Käse sein, und Käse tut es nicht allein.

Einen fertigen Mürbeteig abschmecken in puncto Salz, Zucker, Butter und mit Gewürzen vermischen wie Zimt, Kakaobohne, Muskatnuß, Nelke. Das Beste ist, Teig mit Aniskörnern und Kardamon versetzen, Sonne, Mond und Sterne ausstechen und diese so gebackenen Gestirne warm zu Melonenconfit reichen, dazu ein wirklicher Pfefferminztee -

Thé à la menthe=Thé à l'amante=Tee zur Geliebten - welcher angenehm anregt.

Chinesischer grüner Tee, brauner Zucker, grüne Minzzweige, eine Augenweide zum Auftakt für famose Stunden!

Kekse, eine Back-Wahn story

Die Kulinarik ist eine, das Rösten und Grillen eine andere Sparte, das Backen eine dritte, wobei VOS meinem inneren Auge eine Flut von Verkobelten Weihnachtsmännern auftaucht, zusammen mit Broten, die wie Ziegelsteine u. Ellenbogen-knieprel aussehen u. auch so schmecken. Letztere können VOS- teilhaft in Panire (Brosamen) verwandelt werden und unsere Auflaufe bedecken. Es muß nicht immer Käse sein, und Käse tut es nicht allein: Lieben fertigen Mürbe- teig abschmecken in Prunkto Salz, Zucker, Butter, und mit gewürzen vermischen wie Zimt, Kakaobohne, Kruskarnir, Nelke! Das Beste: Teig mit Anisskörnern u. Kardamon versetzen, Sonne, Mond und Sterne ausstechen und diese so gebackenen Gestirne warm zu Melonenkonfit reichen, dazu ein orientlicher Pfeffer- minzthé (the à la menthe = the l'amouk = The zuckeleenten) welches ungeheuer anregt. Chinesischer grüner The, roter Zucker, grüne Minz- zweige, eine Augenweide zum Auftakt für famose Stunden!

Bonne Année

Bonne Année

Weihnacht

Bonne Année

Weihnacht

Bonne Année

Aus besonderem anlaß: zwei menüs

Bonne Année

Weihnacht

Bonne Année

Bonne Année

Weihnacht

Bonne Année

Bonne Année

Die Weihnachtsfrau hat Damenbart,
Das ist nun eben ihre Art!
Ansonsten ist sie quick und speed,
Vor allem was betrifft die feed...

Wilde Artischocken (sonst aus der Dose) in kleine
Stücke schneiden und in Zitronensalzwasser mit
einem Brotknust garen (entfernt die Bitterkeit). Eine
Béchamelsoße mit gehackten Kapern, Gewürzgurken,
Schalotten und Anchovis mischen, eventuell ein
Eigelb darunter ziehen.
Kardonen mit Soße warmstellen. Festkochende
Kartoffeln in Würfel schneiden und mit Knoblauch-
zehen im Hemd, Rosmarin und Thymian in heißem
Olivenöl knusprig braten, Salz und Pfeffer zum Ab-
schmecken. Kartoffeln und Kardonen noch einmal
in den Ofen.
Ackersalat, Eichenblatt, Wildkraut, rote Beete in Öl,
Essig, Knoblauchsoße dazu servieren.

Einsame Amazonen reichen auch einen Teller eigenen
Gravlachs dazu und eine geräucherte Forelle und
Makrele. Eine Flasche frischer Schaumwein (*Méthode
naturelle!*) und ein edler Ziegenkäse.
Garantiert kein Kater morgens, nur edle sanfte
Katzen...

Frohe Weihnacht, gute, gute Nacht!

Das Mahl der Weihnachtsfrau im Karstgebirge

Die Weihnachtsfrau hat Damenbart
das ist nun eben ihre Art! Ausserdem
ist sie quick u. speed, vor allem
was betrifft die feed....
wilde Artischocken (sonst roh!) in bl.
Stücke schneiden und in Zitronensalzwasser aus einem Brotknust
garen (entfernt die Bitterkeit! Eine
Béchamelsauce mit gehackten Kapern,
darin gurken, Schalotten und Anchovis
aufrühren, eventuell ein Eigelb darunter-
ziehen. Cardons mit Sauce warmstellen. Festkochende Kartoffeln
in Würfel schneiden und mit Rosmarin
u. Thymian in heißes Olivenöl und
feinsprit braten Salz u. Pfeffer zum
Abschmecken. Kartoffeln u. Cardons
noch einmal in den Ofen. Ackersalat,
Eichenblatt, Wildkraut, rote Beete,
in Öl amf. Knoblauchsoße dazu zerreiben.
Einsame Amazonen reichen weh
einen Teller eignen Graulachs dazu
u. eine geräucherte Forelle und
Makrele. Eine Flasche frischer
Schaumwein (méthode naturelle!)
und ein edler Ziegenkäse –
garantiert kein Kater morgens, nur
edle sanfte Katzen.... Frohe
Weihnacht, gute, gute Nacht

Ein Neujahrsmittagessen im Jahre 1999

Ich denke, es wird Schnee geben am 1. Jänner 1999. Dabei sind die Blätter des wilden Weines noch rot, im Walde rote Beeren überall, strahlende Sonne, gut schmeckende Eiszapfen, klirrend, gläsern. Jeder Schritt auf der Erde hat ein Echo. Für unsere wilden Tiere ist Nahrung sichergestellt. Es kommen Steinadler zu Besuch, unter dem Schnee warten schwarze Trüffeln, das Herz des hydraulischen Widders schlägt tief in der Schlucht und bringt das köstliche Wasser.

Zweige von Buchs, Kiefern, Pinien, ein paar Hagebutten, Kastanien, tiefes Atmen und Hoffnung auf Besserung der Welt.

In dieser Stimmung passen Artischocken *à la farigoule*. *Fari* oder *Barigoule* bedeutet Kräuter.

Artischocken säubern, Spitzen und Stroh entfernen und die kleinen violett-grünen Früchte mit Zitronensalzwasser, Knoblauch im Hemd, Schalotten, Pfeffer, Wacholderbeeren, einem kleinen Glas Olivenöl bedecken und leise kochen lassen.

Nach Erkalten Brot in die Soße tunken. Dazu Oliven!

Ein Neujahrsmittagessen im Jahre 1999

Ich denke es wird Schnee geben
am 1. Jänner 1999. Dabei wirbel die
Blätter des wilden Weines, noch
rot, im Wald rote Beeren überall,
strahlende Sonne, gut schmeckende
Eiszapfen, klirrend, gläsern, jeder
Schnitt auf der Erde hat ein Echo.
Für unsere wilden Tiere ist Nahrung
sicher gestellt. Es kommen Steinadler zu Besuch, unter dem Schnee
waren schwarze Trüffeln, das
Herz des hydraulischen Widders
schlägt tief in der Scheune und
bringt das köstliche Wasser.
Zweige von Buchs, Kiefern, Pinien,
ein paar Haage lüften, Kastanien,
tiefes Atmen und Hoffnung auf
Besserung der Welt....
Zu dieser Stimmung passen
"Artischocken à la Pangoule"
Fan- oder Bangoule bedeutet
Kräuter. Artischocken säubern,
spülen u. Stroh entfernen u. die
kleinen violett-grünen Früchte
mit Zitronensalzwasser, Knoblauch im
Hemd, Schalotten, Pfeffer, Wacholderbeeren und einem Tel. Glasoliven-
öl bedecken und leise kochen
lassen. Nach Erkalten Brot in
die Soße tunken. Dazu Oliven!

Als zweiten Gang

... gibt es Linsen, das sogenannte ärmste Gericht am ersten Tag des Jahres, in der Hoffnung, daß mindestens das in unseren Töpfen sein wird!!

Linsen *à la dijonnaise*:

Die Dijonnaise ist die mit dem Senf, eine sehr wichtige Person, welche auch *Marc de Bourgogne* (Schnaps) herstellt und ihn über scharfe Ziegenkäse gießt und den berühmten *Cassislikör* (Johannabeeren) über unser Hauseis träufelt...

Am Vorabend graue und grüne kleine Linsen einweichen. In einen breiten Topf Zwiebeln und Schalotten grob würfeln und in Butter-Öl-Mischung glasig kochen. Linsen mit Wasser hinzufügen, plus Dijon-Senf, Essig, Salz und Zucker. Leise köcheln lassen. Ein Stück Berghartwurst (einmal ist keinmal!) oder Räucherschinken in kleinen Würfeln addieren und ebensoviele kleine feste Tomatenwürfel. Lorbeerblätter, Wacholderbeeren, 1 Rosmarinzweig mitkochen lassen. Leise umrühren, aufdecken und zudecken, bis das Gericht weich, aber nicht wässerig gar ist. Nudeln der Sorte *Coquilletten* (Muschelchen) in eine Ofenform geben, Linsen daneben legen, alles mit Tomaten, Petersilie und Schalotten krönen, etwas Parmesan - und zu Tische!

Süß, sauer, salzig, würzig, sehr gesund und gar nicht teuer, das ist unser Essen heuer.

Grüner Salat, in der Klassik gibt es immer drei Sachen. Bonne Annèe!

9 **Neujahr** 9

Als zweiten Gang gibt es Linsen, das sogenannte Prinste gericht am ersten Tag des Jahres in der Hoffnung, daß gründlicher! das, in welchem Töpfen sein wird!!

Linsen à la Dijonnaise. Die Dijonnaise ist die mit dem Senf, eine sehr wichtige Person, welche auch Marc de Bourgogne (Schnaps) bestellt und ihn über scharfe Ziegenkäse gießt und den berühmten Cassis-Likör (Johanna-Beere über unsere Häuser's träufelt...

Am Vorabend graue u. grüne, kleine Linsen einweichen. In einem weiten Topf Zwiebeln u. Schalotten grob würfeln und in Butter-Öl Mischung glasig kochen. Linsen mit Wasser hinzufügen plus Dijon-Senf, etwas Salz und Zucker. Leise köcheln lassen. Ein Stück Bergheumwurst (einmal ist keinmal!) oder Räucherschinken in kleinen Würfeln addieren und ebenso rote bleibe feste Tomatenwürfel. 2-3 Lorbeerblätter (wiederverwerten), 1 Rosmarinzweig. Zu trocknen lassen, leise umrühren, aufdecken und zudecken, bis das gericht weich, aber nicht wässrig geworden ist. Nudeln der Sorte Coquillettes (Muschelchen) in eine Ofenform geben, Linsen daneben legen, alles mit Tomaten, Petersilie und Schalottenkronen, etwas Parmesan - und zu Tische.

Süß, sauer, salzig, würzig, sehr gesund u. gar nicht teuer, das ist unser Essen heuer. Grüner Salat, in der Klassik gibt es immer 3 Sachen.

Bonne Année!

Polykulinarik Oder Club-Essen für Frauen

ÜBER *POLY-KULINARIK* ODER CLUB-ESSEN

Denn viele Köchinnen verderben durchaus nicht den
Brei! Ganz im Gegenteil ist die polyphone und manuelle Küche die Hoffnung geselligen Frauenlebens für
2002...

Das Zusammenessen wird symbolisiert durch Teller -
Schüsseln - Näpfe mit zwei oder mehreren Eßmulden -
bei Töpferinnen in Auftrag zu geben! - oder glattweg
durch einen breit- und dickbrettrigen Weißholztisch,
aus welchem mit Hammer und Meißel 4 - 6 Eßmulden
ausgehöhlt werden: Es gibt Personen, welche das
Patriarchat *von innen aushöhlen* wollen... Wir wollen
aber doch erst einmal vernünftig handwerklich mit
einem Tisch beginnen.

Die Geschirrspülsaga würde durch diese Utensilien von
ihrer Dramatik erlöst, oder besser gesagt, die
Dramaturgie wechselt die Seite...

über Poly-Kulinarik oder
CLUB=ESSEN

- denn viele Köchinnen verderben
durchaus nicht den Brei, ganz
im gegenteil ist die polyphone
und _ manuelle Küche die
Hoffnung geselligen Frauenlebens
für 2002 ...
Das zusammen — essen wird
symbolisiert durch Teller-Schimmeln-
Näpfe mit 2 oder mehreren Eßmulden, bei Töpferinnen in Auftrag
zu geben, oder glattweg durch
einen breit- u. dick brettrigen Weiß.
holztisch, in welchem mit Hammer
und Meißel 4-6 Eßmulden ausgehöhlt werden: es gibt Personen,
welche das Patriarchat von innen
aushöhlen wollen ... wir wollen
aber doch erst einmal vernünftig- handwerklich mit einem Tisch beginnen.
Die geschirrspülsaga würde durch
diese Utensilien von ihrer Dramatik
erlöst, oder besser gesagt, die Dramaturgie, wechselt die Seite ....

Beim Gemeinsam-Kochen,
Frauen- Fest- Feiern, die 3 Effs!!

kommen auch die Küchenlieder wieder:

Am Brunnen vor dem Tor, Tor, Tor,
steht da nicht Hannelor, Lor, Lor,
Mit einem ganzen Männerchor,
Was hat sie bloß mit denen vor,
Was macht sie denn da wohl?
Sie wartet auf Herrn Kohl!!

oder für die Schwäbinnen:

Sodele und Wodele, die hatten einen Storch (bis)
Und sagten zu dem lieben Tier
Die ganze Zeit „Horch- Horch!"
Doch horchen wollte nicht das Tier (bis)
Deshalb gaben sie es mir ...
(Nach „Fuchs du hast die Gans gestohlen")

Die Poly-Kulinarik *Club* versteht sich so, daß die eine
singt, die andere schält, die dritte hackt, die vierte rührt,
die fünfte mixt, die sechste bäckt, die siebente grillt, die
achte deckt, die neunte pflückt, die zehnte rückt... die
Tische zusammen oder mit dem Geld heraus.
Das sind 10 kleine *Clubladies* mit ihrer großen Tat:
dem Essen!!!

Beim gemeinsam-kochen, '3 Effs'!
Frauen-fest-feiern die Küchenlieder
kommen auch die Küchenlieder
wieder:

„Am Brunnen vor dem Tor, Tor, Tor
steht da wer? Hannelor', los, los
mit einem ganzen Männerchor, vor,
was hat ne bloß mit denen vor??
was macht ne denn da wohl ?!?
Sie wartet auf Herrn Kohl!!"
oder, für die Schwäbinnen:
„Sodele und Wodele, die hatten
einen Storch (bis) und sagten zu
dem lieben Tier die ganze Zeit
Horch, horch!! Doch horchen
wollte nicht das Tier (bis) deshalb
gaben's ne nis... (nach „Fuchs du
hast die Gans gestohlen")
Die Polykulinarik „Club" versteht
sich so, dass die eine singt, die
andere schält, die dritte flucht,
die vierte rührt, die fünfte mixt,
die sechste bäckt, die siebente
grillt, die achte deckt, die neunte
pflückt, die zehnte rückt - die Tische
zusammen oder mit dem Geld heraus...
Das sind 10 kleine Clubladies
mit ihrer großen Tat: dem Essen!

Einige Ideen

Tarama: die Wonne der Griechinnen, wird aus Kabeljau-eiern (oder sonstigen Fischeiern) hergestellt: Die Fisch-eiertaschen leeren und in einem Napf mit Weißbrot *pain de mie*, Salz, Pfeffer und Quark vermischen. Gut verquirlen, kalt stellen und mit Petersilie verzieren.

Tsatsiki: Frische Gurken mit Salz in kleine Stücke schneiden und ihr Wasser verlieren lassen. Knoblauchzehen pressen und die Zutaten zusammen mit dickem Quark vermengen. Mit Petersilie und Tomaten anrichten.

Gaspacha: Die kalte Suppe der Spanierinnen wird aus kleingewürfeltem Gemüse hergestellt. Gurken, Tomaten, Fenchel, Sellerie, Peperoni, Zwiebeln, Knobi in eine Mischung aus Gemüsesaft, Zitrone, Wasser, Salz, Pfeffer und Öl geben und kalt stellen. Vor dem Servieren mit Kräutern verzieren.

Auberginen-Kaviar: Auberginen auf dem Ofenblech gar backen. Das Fleisch herausnehmen und mit Öl, Salz, Pfeffer, Schalotten und Senf pürieren. Ein paar Stücke der dunklen Haut und die Kerne lassen, wegen Kaviar-Effekt!

Taboulé: Die Lieblingsspeise der aufgeklärten Tunesie-rinnen wird aus Kuß-Kuß-Grieß dahergezaubert. Grieß, feingehackte Tomaten, Peperoni, Minze, Zwiebeln, Salz und viel Zitrone vermischen. Einige Stunden kalt stellen und mit frischer Minze präsentieren...

Einige Ideen ≈

Tarama, die Wonne der Griechinnen, wird aus Kabeljau eiern (oder sonstigen Fischeiern) hergestellt: die Fischeiertaschen leeren und in einem Napf mit Weißbrot "pain de mie" Salz, Pfeffer und Quark vermischen. Gut verquirlen, kalt stellen u. mit Petersilie verzieren.

Tsatsiki: frische Gurken mit Salz in kleine Stücke schneiden und ihr Wasser verlieren lassen. Knoblauchzehen pressen und die Zutaten zusammen mit dickerem Quark vermengen. Mit Petersilie u. Tomaten anrichten.

Gaspacha: die kalte Suppe der Spanierinnen wird aus kleingewürfeltem Gemüse hergestellt: Gurken, Tomaten, Fenchel, Sellerie, Pepperonis, Zwiebeln, Knobi in eine Mischung aus Gemüsesaft, Zitrone, Wasser, Salz, Pfeffer u. Öl geben und kalt stellen. Vor allem servieren mit Kräutern verzieren.

Auberginen-Kaviar: Auberginen auf dem Ofenblech gar backen. Das Fleisch herausnehmen und mit Öl, Salz, Pfeffer, Schalotten u. Senf pürieren u. ein paar Stücke der dunklen Haut u. die Kerne lassen, wegen Kaviar-Effekt!

Taboulé: die Lieblingsspeise der aufgeklärten Tunesierinnen wird aus Kuß-Kuß-Gries dahergezaubert. Gries, feingehackte Tomaten, Pepperonis, Minze, Zwiebeln, Saß, Pfeffer und viel Zitrone vermischen. Einige Stunden kalt stellen und mit frischer Minze presentieren...

Nochmals Club-Ideen

MEERESBRATEN LOTTE: Der feste Lotte-Fisch (Seeteufel) wird Meeresbraten genannt und folgendermaßen zubereitet: Ein mittelgroßes Mittelstück Lotte mit Knoblauchstiftchen spicken, in Öl anbräunen, in Salz und Pfeffer wälzen (als Variante Senf) und im Spinat- oder Brennesselmantel in Alu-Folie geben und in den Ofen für 20- 40 Minuten, je nach Volumen. Dazu eine weiße Rahm-Béchamel, Petersilie und Salzkartoffeln.

PILZ-MOUSSAKA: Eine Pilzpfanne, aus welchen Pilzen auch immer, gut abgeschmeckt mit Knobi und Petersilie gar dünsten und warm stellen. Eine Béchamel und eine Tomatensoße reservieren, einen leichten Kartoffelbrei kochen und in eine feuerfeste Form schichtweise die Zutaten hineingeben. Zwischenschichten: Petersilie, Zwiebeln, Parmesan. Mit letzterem bedecken und in den Ofen unter den Grill für ein paar Minuten.

MUSCHEL-SPINAT-AUFLAUF: Frischen oder tiefgekühlten Blattspinat kochen und sehr gut abtrocknen lassen, mit Zwiebelsoße vermischen. Muscheln in Zitronenwasser zum Öffnen bringen und aus den Schalen nehmen. In eine Ofenform den Spinat betten, die Muscheln hineindrücken, mit einem *Hachis* aus Petersilie, Knoblauch, Schalotten bedecken, mit Butterflöcken und *Gruyère* bedecken und ab in den Ofen. Dazu weißer *Camargue-Reis!*

Nochmals (Club-)Ideen

Meeresbraten Lotte

Der feste Lotte-Fisch wird Meeresbraten genannt und folgendermaßen
zubereitet: Ein mittelgroßes Mittelstück
Lotte mit Knoblauchstiftchen spicken,
in Öl leicht anbraunen, in Salz u. Pfeffer
wälzen (als Variante Senf) und in Blattspinat oder Brennesselmantel in Alu-Folie
geben u. in den Ofen für 20–40 Min.
Je nach Volumen; dazu eine weiße
Rahm-Bechamel, Petersilie u. Salzkartoffeln.

Pilz-Moussaka:

Eine Pilzpfanne,
aus welcher Pilzen auch u. Kräuter
gut abgeschmeckt mit Knob. u. Petersilie
das dünsten u. warm stellen.
Eine Bechamel u. eine Tomatensoße
reservieren, einen leichten Kartoffelbrei
kochen und in eine feuerfeste Form
schichtweise die Zutaten hineingeben,
Zwischenschichten: Petersilie, Zwiebeln,
Parmesan. Mit letzterem bedecken
und in den Ofen unter dem Grill für's
ein paar Minuten.

Muschel-Spinat-Auflauf

Frischen oder tiefgekühlten Blattspinat
kochen und sehr gut abtrocken
lassen, mit Zwiebel sauce verfeinern.
Muscheln in Zitronenwasser zum Offnen
bringen und aus den Schalen nehmen.
In eine Ofenform hinein Spinat betten,
die Muscheln hinein picken, mit
einem lauch's aus Petersilie, Knob. Schal.
bedecken, mit Butterflöckchen und
Gruyère bedecken und ab in den Ofen.
Dazu weißer Camargue-Reis!

CLUB-DESSERTS

Liebe geht durch den Magen - auch bei uns, und nicht nur in einer *verheterrohten* Gesellschaft!!

SCHOKOLADEN-MOUSSE: 2 Tafeln Schokolade im Wasserbad schmelzen lassen, mit 2 Eßlöffeln Wasser. Rosinen in Cognac schwellen lassen, das Weiße von 6 Eiern mit 2 Prisen Salz schlagen, 1/4 Pfund Zucker, die Schokolade, die Rosinen, das Eiweiß vermischen und in eine Schüssel geben. Selbige 3 Stunden kalt stellen. Aus den 6 Eigelb mit Zucker, Rahm und Zitrone im Wasserbad einen Sabayon mixen und zu der Mousse reichen.

OBSTSALAT: Verschiedene frische und trockene Früchte in kleine Stücke schneiden, Zitronen- und Orangensaft nach Geschmack hinzufügen. Einen Schuß Williamsbirne, Himbeerlikör oder Cointreau. Mit Schlagsahne bedecken und etwas Grenadine-Sirup darüber träufeln.

APFELPIZZA: Rote und grüne Äpfel in Scheiben schneiden, ohne sie zu schälen. Auf einem Pizzateig dekorativ betten, mit kleinen Butterröllchen und braunem Zucker reichlich garnieren. Backzeit 25 Minuten!

Club-Desserts

Liebe geht durch den Magen — auch bei uns und nicht nur in einer verheirateten Gesellschaft!

Schokoladenmousse:

2 Tafeln Schokolade im Wasserbad schmelzen lassen mit 2 Eßlöffeln Wasser. Rosinen in Cognac schwellen lassen, das Weiße von 6 Eiern mit 2 Prisen Salz schlagen; 1/4 to Zucker, die Schokolade, die Rosinen, das Eiweiß vermischen und in eine Schüssel geben. Selbige 3 Stunden kalt stellen. Aus den 6 Eigelb mit Zucker und Rahm und Zitrone im Wasserbad einen Sabayon mixen und zu der Mousse reichen....

Obstsalat

Verschiedene frische und trockene Früchte in kleine Stücke schneiden und je nach Geschmack Zitronen- u. Orangensaft hinzufügen. Einen Schuß Williams- birne, Himbeerlikör oder Cointreau, mit Schlagsahne bedecken und etwas Grenadine-Sirop darüber träufeln.

Apfelpizza

Rote u. grüne Äpfel in Scheiben schneiden ohne sie zu schälen, Auf einem Pizzateig dekorativ betten, mit kleinen Butterflöckchen und rotem Zucker reichlich garnieren. Backzeit 25 Minuten!

TISCHGESPRÄCHE

Beim Kochen und Essen sollte ausschließlich von Essen und Kochen die Rede sein oder von Geschichten und Figuren, die damit zu tun haben.

Die Göttin Demeter steht für Getreide, Kain für Gemüse und Abel ist out.

Unsere Nahrungs-Heilige ist Italienerin und heißt *Angela di Foligno*. Selbige schrieb zur Zeit der Renaissance: „ Am liebsten würde ich auf Straßen und Plätzen gehen, ganz nackt mit Fischen, Broten und Fleisch am Halse behängt. Alle Welt würde dann rufen: Da steht sie doch, die scheußliche Kreatur"!!!

Angela wurde trotzdem oder gerade deshalb heilig gesprochen.

Dieser weibliche Engels-Nahrungs-Totem ist die erste surrealistische Vision der ambulanten Küche, so etwas wie ein wandelnder Baum, auf dem Essen zu pflücken wäre, eine Vorfigur der Mutter Courage.

Schöne Gespräche wünsche ich Euch!!!

Tischgespräche

Beim Kochen und Essen sollte und Kochen
ausschließlich von Essen die Rede sein oder von geschiehten
und Figuren, die damit zu tun haben,
die göttin DEMETER steht für
getreide, KAIN für gemüse und
ABEL ist out.

Unsere Nahrungs-Heilige ist Italienerin
und heißt ANGELA di FOLIGNO.
Selbige schrieb zur Zeit der Renaissance:
"Am liebsten würde ich auf Straßen
und Plätze gehen, ganz nackt und
mit Fischen, Broten und Fleisch am
Halse behangt. Alle Welt würde
dann rufen: Da seht ne doch,
die scheußliche Kreatur....!!!"
Angela würde trotzdem oder gerade
deshalb heilig gesprochen.
Dieser weibliche Engels-Nahrungs-
Totem ist die erste surrealistische
Vision der amerikanten Küche, so
etwas wie ein Wandelnder Baum,
auf dem Essen zu pflücken wäre,
eine Vorfigur der Mutter Courage!!
Schöne Gespräche wünsche ich Euch!

Vorher   Nachher

Ein Nachwort an Stelle einer Einleitung...

Mein Vorhaben war nicht, Erwachsenen Mädchen, gestandenen Frauen und rebellischen Amazonen die Kulinarik beizubringen, beileibe nicht und bei Liebe nicht. Dies ist kein Kathederkurs, sondern ein Flirt von einiger Komik, insofern in der dumpf-düsteren Welt der patriarchalischen Küchensklaverei so etwas wie ein Stern aus Strohhalmen, an den sich zu klammern wäre.

Dreißig Jahre lang habe ich so gut wie nur weibliche Wesen bewirtet. Die Idee einer Küchenchronik wurde oft erwähnt, erschien mir jedoch als Utopie, da ich nicht wußte, durch welchen Dreh ich aus der Duster-Patria-Ecke zum Leuchten käme.

Die Einkaufslisten für die Freundin, welche mit neun Jahren schon Nudeln kochen mußte, verziert mit Zeichnungen, so, ganz einfach, gratis, haben mir wohl die Hand geübt und die Wiederholung der Essenszubereitung, inzwischen kann ich es im Schlaf.
Ich setze Kochkenntnisse voraus, und wenn nötig, ist bei anderen Nachlesbares.
In meiner Kindheit der vierziger und fünfziger Jahre gab es in Hamburg nicht gar viel zu beißen. Eine berufstätige Mutter und zwei viel zu früh berufstätige Mädchen, „Unordnung und frühes Leid".
Mit Rührung erinnere ich mich an die Großmutter aus dem vorigen Jahrhundert, an Tee aus Apfelschalen,

Ein Nachwort an Stelle einer Einleitung.

Mein Vorhaben, was nicht Erwachsene Mädchen, gestandenen Frauen u. rebellischen Amazonen die Kulinarik beizubringen, beileibe nicht und bei Liebe nicht. Dies ist kein Katheder-Kurs, sondern ein Flirt von einiger Komik, insofern in der durchlüfteten Welt der patriarchalischen Küchensklaverei etwas wie ein Stern aus Stroh leuchten an den sich zu klammern wäre. 30 Jahre lang habe ich so gut wie uns bei bei beides Wesen beurteilt: die Idee einer Küchenchronik wurde oft erwähnt, erschien mir jedoch als Utopie, da ich nicht wusste durch welchen Dreh ich aus der düster-Patria Ecke zum leuchten käme. Die Einkaufslisten für MINA (welche mit 9 Jahren schon Nudeln kochen möchte --) verziert mit Zeichnungen, so, ganz einfach graphs, haben uns wohl die Hand geübt und die Wiederholung der Essenszubereitung -- inzwischen kann ich es im Schlaf ... Ich setze Kochkenntnisse voraus, und wenn nötig, ist bei Andersch Nachlesbares.

In meiner Kindheit der 40ger u. 50ger Jahre gab es in Hamburg nicht gar so viel zu beißen. Eine berufstätige Mutter und zwei viel zu früh berufstätige Mädchen, "Unordnung und frühes Leid". Mit Rührung erinnere ich mich an die Großmutter aus dem vorigen Jahrhundert, an Tee aus Apfelschalen, Apfelplinsen, Holunder und Buttermilchsuppe, Schwarzbrot u. Kunsthonig, Muckefuck und Margarine, rohe Haferflocken angerührt mit Milch, Fischfrikadellen und Kartoffeln als solche. Dank an Omi für das gleichgewicht und an Mama für die Fantasie.

Apfelplinsen, Holunder-und Buttermilchsuppe, Schwarzbrot und Kunsthonig, Muckefuck und Margarine, rohe
Haferflocken, Quark und Milch, Fischfrikadellen
und Kartoffeln als solche. Dank an Omi für das Gleichgewicht und an Mama für die Fantasie.
Mama behauptete, Eier seien die Menstruation der
Hühner und auf Käse urinieren Männer. Fleisch sei
Leiche, Fleischsuppe Leichenbrühe. Andererseits solle
einviertel Pfund rohes Tatar gegessen werden, pro Tag,
sonst würden wir zu bigotten Psychopathen.
Zucker sei schädlicher als Zigaretten, Grund genug, sich
hauptsächlich von beiden zu ernähren.
Interessant sind kleine Unfälle, welche aparte Ersatz-
Nahrung herstellen, der kulinarische Lapsus:
ein Ei oder zwei in einen Krug schlagen und mit heißem
Wasser aufgießen. Es entsteht ein Liter köstlicher
Zitronenmilch! Ein versehentlicher Klecks von Tomaten-
mark auf Brot: Brot mit Öl oder Butter bestreichen,
Tomatenmark, Salz, Pfeffer und rohe Zwiebel darauf
geben, das veganische Tatar ist geboren. Gezuckerte
Kondensmilch leise köcheln lassen, am besten im
Marien-Bad, und da haben wir zum Nachtisch köstliche
Karamelbonbons!

So gingen die Dinge und eines Tages landete ich auf
einem Berg, in einer Ruine ohne Strom und Telefon
und mit Wasserschwierigkeiten. Auch nicht immer ein
Auto: Ich mußte mir die Nahrung gewissermaßen
erwandern und hatte das Glück, die diversesten

Mama behauptete, Eier seien die
Menstruation der Hühner und auf
Käse unreifsten Männer. Fleisch sei
bleiche Fleischsuppe, heitere brühe...
Andererseits solle 1/4 rohes Tatar
gegessen werden pro Tag, sonst würden
wir zu bigotten Psychopathen...
Zucker sei schädlicher als Zigaretten,
grausel genug, nicht haupsächlich
von beidem zu erzählen...
Interessant zwei kleine Unfälle,
welche aparte Ersatz-Nahrung herstellen, oder kulinarische Lapsus:
ein Ei (oder 2) in einen Krug schlagen
und mit heißem Wasser aufgießen.
Es entsteht 1 Liter köstlicher Zitronen-
Milch! Ein versehentlicher Klecks von
Tomatenmark auf Brot: Brot mit
Öl oder Butter bestreichen, Tomatenmark, Salz, Pfeffer und rohe Zwiebel
darauf gelbet: das veganische Tatar
ist geboren. Gezuckerte Kondensmilch leise köcheln lassen (am
besten im Marien-Bad) und da
haben wir zum Nachtisch köstliche
Karamel coverons!
So gingen die Dinge. Und eines Tages
landete ich auf einem Berg, in einer
Farm ohne Strom u. Telefon, und
mit Wasserschöpf isthertken. Auch
nicht immer ein Auto; ich mußte
mir die Nahrung gewissermaßen erwandern und hatte das Glück
die diversesten Kochdeckel im Lande
lüpfen zu dürfen und sonst die
Küche zu lernen. Und ganz genauso
habe ich die Rezepte weitergegeben,
auch bei mir unde vorausgesetzt,
das ich mußte, wie es gemacht wird!
Ich mußte es nicht; aber ich verfügte über eine kostbare Sache,
die ZEIT! und verhältnismäßig
viel Rohmaterial. Eine versalzene
Ratatouille war keine Tragödie, genauso
gut waren Katz u. Hund daran oder
die Ratten. Oft geschahen kleine
accidents, die neue Perspectiven
schufen.

Kochdeckel im Lande lüpfen zu dürfen und somit die Küche zu lernen. Und ganz genauso habe ich die Rezepte weitergegeben; auch bei mir wurde vorausgesetzt, daß ich wußte, wie es gemacht wird. Ich wußte es nicht, aber ich verfügte über eine kostbare Sache, die ZEIT! Und verhältnismäßig viel Rohmaterial. Eine versalzene Ratatouille war keine Tragödie, genauso gut waren Katz und Hund daran oder die Ratten. Oft geschahen kleine accidents, die neue Perspektiven schufen.

Küche ist eine Kunst, und wie in selbiger geschehen durch Unabsichtliches Wunder, welche die vorgegebene Struktur wie ein Webschiff mit farbigen Punkten ausstatten. Früher war die Kulinarik die ausschließliche Domäne der weiblichen Menschen, genau wie Stoffe, Kleidung, Heilkunde und Hebammentum, was alles von den Herren in Anspruch genommen und von ihnen verwaltet wird.

Im Feminismus gehört es zum offiziellen guten Ton, Küche unter den Tisch zu schieben, anstatt sie darauf zu stellen, obwohl es privat vorrangig nur darum geht. Publik eine Leidenschaft für Küche zu bekunden, gehört zur Dämlichkeit.

Die Zeit ist gekommen, daß anständige Feministinnen sich von genau solchen bekochen lassen, auf daß die feministische Küche jetzt endlich entstünde und unsere gemeinsamen Abende nicht olle Kamellen von Muttern bedeuten, sondern dolle Dinger von Amazons!

Küche ist eine Kunst und wird in selbiger geschehen durch Unablässiche Künstler, welche die vorgegebene Struktur mit einem Weltstoff mit fragigen Punkten ausstatten.

Früher war die Kulinarik die ausschließliche Domäne der weiblichen Menschen, genau wie Stoffe, Kleidung, Kleiderkunst und Hebammentum —, was alles von den Herren in Anspruch genommen und von ihnen verzettelt wird. Im Feminismus gehört es zum offiziellen guten Ton Küche unter den Tisch zu schieben, anstatt sie darauf zu stellen — obwohl es privat vorrangig wer darum geht. Publik Unbescheidenschaft für Küche zu bekunden gehört zur Dämlichkeit.

Die Zeit ist gekommen, dass anständige Feministinnen sich von genausolchen bekochen lassen, auf dass die feministische Küche jetzt endlich entstünde und unsere gemeinsamen Abende nicht olle Kamellen von Muttern bedeuten, sondern dolle Dinge von Amazonen.

In diesem Sinne ist diese kleine Chronik ein Versuch für das erste feministische Kochbuch der Welt: mögen andere folgen.

Eine Idee für ein Gesellschafts-spiel: Rezepte auf Spielkarten drucken oder fotokopieren und den Abend damit anfangen. Die Gewinnerin bekocht uns dann mit den Ingredenzien die sie vorfindet und fügt ihr Rezept dem Spiel zu — — denn Gewinnerinnen sollen uns ernähren, nicht Verliererinnen.

Gehabt Euch wohl,
Auf Wiederlesen!

Lena Vandrey

In diesem Sinne ist diese kleine Chronik ein Versuch
für das erste feministische Kochbuch der Welt: Mögen
andere folgen.

Eine Idee für ein Gesellschaftsspiel: Rezepte auf
Spielkarten drucken oder fotokopieren und den
Abend damit anfangen. Die Gewinnerin bekocht uns
dann mit den Ingredienzien, die sie vorfindet und fügt
ihr Rezept dem Spiel zu - denn Gewinnerinnen sollen
uns ernähren, nicht Verliererinnen!

Diese Chronik wurde im September '97 geschrieben.
Zeitbedarf: 30 Jahre und 3 Tage.
Ort: das Hochplateau von Issirac im Hoch-Gard.
Bedingungen: sanftes Wetter, leichter Wind,
Wasserschwierigkeiten.
Das Haus ist ein Schiff auf hoher Erde.
Nahrung im Log-Buch:
1. Tag: Rotbarsch-Klöße (Quenellen) mit 3 Pommes,
   Äpfel, süße und salzige Kartoffeln, Salat
2. Tag: Steinpilzpfanne auf Nudeln, Tomaten, Salat
3. Tag: das Gleiche in kleiner Variante.
Rotwein Bordeaux, Mineralwasser, Zichorien-Kaffee.

Schlaf ohne Träume,
Französische Gespräche,
Gedanken in Deutsch.

diese Chronik wurde im September '97 geschrieben. Zeitbedarf: 30 Jahre und 3 Tage. Ort: das Hoch-Plateau von Issirac im Hoch-gard. Bedingungen: sanftes Wetter, leichter Mistral. Wasserschwierigkeiten. Das Haus ist ein Schiff auf hoher Erde. Nahrung im Log-Buch:

1. Tag: Rotbarsch-Klöße (Quenellen) mit 3 pommes. Apfel, süße und salzige Kartoffeln, Salat.

2. Tag: Steinpilzpfanne auf Nudeln, Tomaten/Salat.

3. Tag: das gleiche in kleiner Variante.

Rotwein Bordeaux, Mineralwasser, Zichorien-Kaffee.
Schlaf ohne Träume, französische Gespräche, gedanken in Deutsch.

Erobert die Küche zurück!!! Leute!!!

Wir können Hunger haben - und keinen Appetit -
oder Appetit und keinen Hunger.

Laßt uns versuchen, beides zu vereinen.

Wir können Hunger haben —
und keinen Appetit oder Appetit
und keinen Hunger. Das gibt uns Versuchen, beides zu vereinen. —

ANHANG

Porträt der Köchin

Die nackte KÖCHIN hat einen langen Arm,
Was Liebe bedeutet.
Ihr Almanach ist für Amazonen bestimmt.

Annexe

Portrait
de
Köchin

Die Nackte Köchin
hat einen langen
Arm, was Liebe
bedeutet, Ihr
Almanach ist für
Amazonen be-
stimmt,

dila
olive
!

Die nackte GÄRTNERIN
baut Zwerggemüse auf dem Berg

Die nackte Gärtnerin baut Zwerggemüse auf dem Berg!

Für Adèle Meyer-Westhoven.

Gewidmet sei es allen KÖCHINNEN, Lebenskünstlerinnen, allen, die exponieren und explodieren; allen, die rauchende Kessel kennen, Kochtopfkunst und Frauengunst. Allen reitenden Amazonen, die unter dem Sattel brieten und zu Yoghurt rieten; allen Freundinnen, welche köcheln und kochen, allen Monaten, allen Wochen, allen Zeichen und allem Lernen, allen Monden und allen Sternen. Aller Wonne, aller Sonne. Ein Lebenlang den Lesenden und Ewigkeit den Essenden. In Erinnerung an die „großen Mütter" der Küche, im Fokus des Mundes!

Für Adèle Meyer-Westhoven

Gewidmet sei es ALLEN KÖCHINNEN,
Lebenskünstlerinnen, Allen die exponieren und explodieren; Allen, die
tauchende Kessel kennen, Kochkopfkunst
und Frauengunst. allen reitenden Amazonen,
die unter dem Sattel breiten und zu Yoghurt
riten; allen Freundinnen, welche brodeln
und kochen, allen Monaten, allen Wochen;
allen Zeichen und allem lernen; allen Monaten;
allen Sternen. Aller Wonne, aller Sonne.
Ein lebenlang den Lesenden und Ewigkeit
den Essenden. In Erinnerung an die
großen "Mütter" der Küche; im Fokus des
Mundes.

Lena Vandrey,
Künstlerin, Dichterin, Produzentin von Postkarten und
Briefmarken hat ihre eigene Edition
Encyclopedia Angria
zusammen mit
Dr. Mina Noubadji-Huttenlocher,
algerische Schwäbin, arabische Germanistin,
Gärtnerin und Steinmetzin.

Glossar

Addieren: hinzufügen

Aigue Bolido: aigue=Wasser; bolido=gekocht (provençalisch)

Aioli: Ail=Knoblauch; Knoblauchmayonnaise

A la Beef: von Beefsteak

A la Bergère: wie die Hirtin

A la Farigoule: Kräutermischung der Provençalinnen

A la Teufelin: scharf gewürzt

Arlesianerin: die schönste Frau, auf die immer gewartet wird, ein Mythos

Bain-Marie: Wasserbad

Bis: noch einmal

Brave Soße: tüchtig, gut, fabelhaft

Brie: berühmter französischer Rohmilchkäse

Bulgur: Weizen

Calisson: Mandel-Melonenmarzipan auf Oblate, typisch provençalisch

Camargue-Reis: Er wächst in der Provence

Camembert: Berühmter französischer Rohmilchkäse aus der Normandie

Cixous, Hélène: Weltberühmte Dichterin des 6. Pariser Bezirks. Erfinderin der *weiblichen Schrift*, welche von rebellischen Algerierinnen scharf kritisiert wurde.

Cointreau: Orangenlikör

Confit: Eingemachtes, Gesälztes süß oder salzig, die 1. Konserve der Welt, eine Frauenerfindung

Coulis: eingedickte Obst-Zuckersoße

Coulommiers: berühmter französischer Rohmilchkäse aus der Normandie

Darboven, Hanne: Konzeptkünstlerin, welche nur Zahlen malt

Dijon-Senf: 1. Produzentin Europas von Senf, die Hauptstadt Burgunds

Dokumenta: größte Kunstschau der Welt, seit 40 Jahren zum ersten Mal eine Frau als Kuratorin: Catherine David

Dressieren: anrichten

Entrèes: auch Hors-d'œuvres, Mise en bouche genannt, „in den Mund gelegt", Vorspeisen

Extra Vierge: extra jungfräulich, rein und sauber

Filets: aussortierte Stücke

Flotte Lotte: Gemüsemühle

Goudou: Lesbe, auch Gousse genannt

Gravlachs: marinierter roher Lachs nach Art der Schwedinnen

Grenadine-Sirup: Sirup der Granatäpfel

Hachis: Gehacktes

Halloween: amerikanisches Frauenfest am 31. Oktober mit viel Kürbis, Laternen und Kerzen;früher Höllenfahrt und Auferstehung. Heidnisch-christlicher Lichtkult. Der nächste Tag heißt Allerheiligen.

Häuten: Haut ablegen, sich schälen wie eine Schlange oder wie Verena Stefan in ihrem Bestseller „Häutungen". Das alles kommt von Simone de Beauvoir, die sagte: „Eine Frau muß sich ihre eigenen Kleider schneidern und häuten"

Jeanne: Jeanne d'Arc, Johanna von Orléans, französische Kriegerin und Heilige, vormals Hirtin

Karamelisieren: in Zucker schmoren

Kardonen: wilde Artischocken

Kascha: provençalisches Hausgericht

Kasserolle: Topf

Kesra: das tägliche arabische Brot

Klitoridianisch: von Klitoris, weibliches Lustorgan

Knoblauchcroûtons: trockenes Brot mit Knoblauch eingerieben und geröstet

Kohl, Hannelore: Kollegin, Kochbuchautorin, französische Preisträgerin

Kuß-Kuß: arabisches Hauptgericht, Weizen

Kuvertüre: Schokoladenbelag

Marga Hara: Gewürzsoße

Marinade: Mischung aus Salz, Zitrone und Wasser

Mimosa-Eier: weiß und gelb getrennt ergeben die Farben der Pflanze

Mistral: Der berühmte Nordwind der Provence, nach dem sich der Frauendichter Frédéric Mistral genannt hat. Sein Epos „Mireille" ist unvergeßlich

Nîmes: Hauptstadt des Dèpartement Gard

Pain de mie: Das Innere des Brotes, aber auch Freundin, Geliebte, *ma-mie*; nicht zu verwechseln mit Mami. Von der *mie* kommen die *miettes* (Krümel)

Pampe: Brei

Patriarchat aushöhlen: Das will Hélène Cixous tun

Phallus: politische Form des Penis

Piperade: Peperonisoße auf baskisch

Pistou: Basilikum

Pomade: Creme

Präparation: Zubereitung

Pürieren: von Purée=Brei

Quiche: Eier-Schinkentorte aus Lothringen

Ragout: Schmoreintopf

Ras-el-Hanut: Gewürz=das Beste aus dem Laden

Ratatouille: Allerleigemüseeintopf

Ratten: Kartoffelsorte

Sabayon: Eierschaumcreme

Saint-Phalle, Niki de: weltberühmte Schöpferin der Nanas (=Mädchen: trivial, abfällig). Die Nanas haben ein winziges Gehirn und riesengroße Bäuche und Busen. Die Künstlerin huldigt einer recht infantilen Vision des weiblichen Menschen, gilt aber trotzdem als Feministin.

Saucen: Soße kommt von Sauce, aus der Zeit der Napoleonischen Kriege

Schillerlocke: Räucherfisch

Schwitzen: Reduzieren, ausdünsten

Tapenade: von tapcr=drücken, schlagen, eine Preßsoße von Oliven

Terrine: Pastete

Tortillera: Lesbe auf spanisch

Trüffel: schwarze Knolle, Pilz der Kurzeichen im Mittelmeerraum

Verheterroht: Amalgam von „hetero" + „verroht"

Violette: Veilchen, die Lieblingsblume der sapphischen Dichterin Renèe Vivien; Jahrhundertwende in Paris.

INHALT

Im Christel Göttert Verlag bisher erschienen:

Bei den Steinen angekommen
Aux pierres de mon départ

Eva-Gesine Wegner als Bildhauerin im Dialog mit Camille Claudel
Französische Version von Suzanne Bohn
ISBN: 3-922499-32-5, Zweisprachige Ausgabe

frauen-steuern Steuertips für den Weg
in die unternehmerische Selbständigkeit

Von Marianne Schwan
ISBN 3-922499-31-7

Der Atem von Frauen
Luce Irigaray präsentiert weibliche Credos

Von Luce Irigaray
Aus dem Französischen von Angelika Dickmann
ISBN 3-922499-30-9

Das Patriarchat ist zu Ende
Es ist passiert – nicht aus Zufall
(Das rote Sottosopra)

Hrsg. von Libreria delle donne di Milano
In der Übersetzung von Traudel Sattler
ISBN 3-922499-28-7, Zweisprachige Ausgabe

frauen-lehren
(mit: Das Grüne Sottosopra)

Von Gisela Jürgens und Angelika Dickmann
ISBN 3-922499-25-2

Der weibliche Faden –
Geschichte weitergereicht

Von Birgitta M. Schulte
ISBN 3-922499-23-6

papalaku – Indische Baby-Massage

Von Shakunthala Chenchanna
ISBN 3-922499-27-9

frauen-begehren
Frauenbildung an der Volkshochschule

Hrsg. von Iris Bergmiller, vhs Rüsselsheim
ISBN 3-922499-22-8

Die Trödelprinzessin Zilly Zeitlos
Ein modernes Märchen für
Kinder und Erwachsene

Von Katharina Müller-Butzbach
Mit Illustrationen von Faran Arani
ISBN 3-922499-26-0

Auf den Spuren der Göttin
Textsammlung I - IV im Schuber

Hrsg. von die insel Marl / vhs Marl
ISBN 3-922499-21-X

frauen-art 18 Künstlerinnen
im Frauenzentrum Rüsselsheim

Hrsg. von Frauenzentrum Rüsselsheim
ISBN 3-922499-20-1